편집의 신 scene

고퀄리티 영상 콘텐츠,
한 권으로 끝내기

편집의 신

scene

박인수 지음

다온북스
DAON BOOKS

일러두기

• 영어 및 역주, 기타 병기는 본문 안에 작은 글씨로 처리했습니다.
• 외래어 단어는 국립국어원의 표기법을 따르되 일부 굳어진 단어는 일반적으로 사용하는 발음으로
  표기했습니다.
• 영화 및 드라마의 개봉(방영) 연도는 한국 개봉(방영)을 기준으로 하였습니다.

《편집의 신》 이렇게 활용해보세요!

1 유튜브 및 영상 편집 초보라면 기초 책 한 권 읽고 난 뒤(추천 도서: 《한 권으로 끝내는 영상기획/촬영/편집/제작 with 프리미어 프로》) '2부 영상 편집 실전편'부터 읽기

> 유튜브 크리에이터 입문자, 초·중·고 학생 중 영상 제작에 관심이 있는 자 또는 학교 방송 및 영상동아리 학생, 영상 제작 관련 학과 신입생

2 영상 편집 초보자라면 '2부 영상 편집 실전편'부터 읽기

> 영상 편집 관련 기초 개념이 있는 초보자, 조금 더 완성도 있는 영상 편집을 고민 중인 초보자.

3 영상 전공자면서 실무 경력 3년 미만이라면 처음부터 읽기

> 영상 편집 도구 사용이 편하고 콘텐츠를 만드는 데 무리가 없으나 고품질의 편집 영상을 만드는 데 고민이 많은 편집자.

4 영상 편집 프로라면 목차를 보고 끌리는 챕터부터 읽기

> 영상 제작 전문 교육기관이나 대학 강의를 나가는 경우가 잦아지거나, 본인이 영상 제작의 팀장급 및 대표로서 가이드를 해야 하는 위치에 있는 자.

* 신재호 저, 앤써북, 2023

유튜브 영상 그 이상의 매력적인 콘텐츠를 만들고 싶다면
이 책을 읽어라!

왕초보 유튜버의 최대 고민

"구독자 수 늘리기!"

지금 이 페이지를 읽고 있는 본인이 왕초보 유튜버라면, 당신은 더 이상 왕초보가 아니다. 여기서부터 박 교수가 명쾌하게 고민을 해결해줄 수 있기 때문이다. 어떤 일을 성취하거나 성공하기 위한 왕도(초광속 지름길)는 없다. 따라서 조회수와 구독자 수의 빠른 증가 고민은 잠시 접어두고 필자의 말에 귀를 쫑긋해주길 바란다.

구독자 수 늘리는 비법으로

새로운 영상 콘텐츠 개수 UP & 업데이트 횟수 UP

구독자 수를 늘리는 핵심은 성실함이다. 여기서 성실함은 매일매일 새로운 영상 콘텐츠를 만들어 올리는 것을 말한다. 한 개의 영상 콘텐츠가 대박이 나는 경우를 우리는 종종 경험한다. 하지만 빠른 시일 내에 새로운 콘텐츠가 기존의 대박 콘텐츠를 밀어내고 왕좌의 자리를 차지하게 된다. 이렇게 다람쥐 쳇바퀴 같은 반복 현상이 유튜버 세계에 매일 일어나고 있다.

2023년 현재, 앞으로 트렌드를 이끌어 갈 Z세대(1997~2012년 출생)와 알파 세대(2013년 이후 출생) 대부분은 지금의 유튜버 시장을 더 이상 블루오션으로 생각하지 않는다. 유튜브는 이미 여러 해 전부터 레드오션 성격이 짙어졌고, 진입장벽이 낮아 누구나 도전할 수 있었다. 하지만 영상 몇 개 올리고 얼마간 조회수 10~1000 미만이 지속되면 흥미를 느끼지 못해 쉽게 포기해버리는 세상이 됐다.

따라서 나, 박 교수는 여러분에게 왕초보 딱지를 떼고 그다음 단계, 또 그다음 단계까지 업그레이드하는 비법을 이 책에서 다루려고 한다. 취미로 유튜브 시장에 뛰어들었다가 흥미가 더 강해져 유튜브 영상이 콘텐츠의 전부라고 생각하는 '호모 디지투스(Homo Digitus)'여! 유튜브 콘텐츠 그 이상의 고품질 콘텐츠를 만들고 싶다면 이 책을 꼭 읽길 바란다.

매주 한 개 이상의 콘텐츠를 만들 자신이 없다?

누구도 범접하지 못하는 레벨의 나만의 강력한 무기가 없다?

그렇다면 시작하지 마라… 폭망한다!!

책머리에

이 책을 내기까지 나에게는 고전평론가 '고미숙' 작가와 30대에 경제적 자유를 이룬 자기계발 천재 '자청', 이 두 사람의 영향이 매우 크다. 영상 편집이란 주제로 책을 쓰는데 뜬금없이 영상이란 주제와 상관없는 두 사람 이름이 언급되니 의아할 것이다. 그 이유는 간단하다. 첫 번째, 고미숙 작가는 나에게 글쓰기의 중요성을 절실히 깨닫도록 동기 부여를 했다. 두 번째, 자청은 글쓰기를 행동으로 옮길 수 있도록 결정적인 역할을 했다.

2022년 겨울 자청의 책《역행자》를 만나 순리자에서 벗어나려는 욕망이 강하게 꿈틀거리기 시작했다. 그래서 최근까지 써 왔던 딱딱한 영상 편집 기술 서적보다는 방향을 틀어 타깃 오디언스를 영상 전공자뿐만 아니라 입문자까지 확장하기로 방향을 선회했다. 그래서 크리에이터(유튜버)부터 영상 전문가까지 접근 및 쉬운 내용으로 책 내용의 단계별 난이도 조절을 신중히 고려해 독자의 눈높이에 맞추도록 노력했다. 즉 이 책은 영상에 관심 있는 사람이라면 누구나 이해할 수 있고, 더 나아가 고품질 영상 콘텐츠를 만드는 데 도움이 될 것이다.

영상 편집은 스토리텔링이 목적이라는 대전제에서 편집점을 어떻게 잡느냐를 이 책에서 핵심적으로 다루고 있다. 이 책을 읽는 독자 여러분이 영상을 편집할 때 어떻게, 어디에 편집점을 잡아야 할 지에 대한 고민을 분명 경험했을 것이다. 따라서 필자의 스토리텔링 노하우를 통해 조금이나마 영상 편집을 효율적이고 효과적으로 할 수 있도록 도움을 주고자 책을 출간하게 됐다.

편집점(In & Out Point)을 어떻게 찾느냐가 이야기 전개의 핵심!

지난 2014년에 영상 편집 도구 영어 원서(파이널 컷 프로X 10.1 한글판)를 한글판으로 번역한 경험은 있으나 오롯이 책 한 권의 필자가 된 것은 이번이 처음이다. 이 책을 쓰기로 마음먹은 이유는 크게 두 가지다.

첫째로, 대학 현장에서 학생이나 영상 전문가에게서 자주 들어왔던 이야기가 기존의 출판된 영상 관련 책은 도구를 배우는 형태의 기술 서적이거나 영화 이론 위주 책이 많다는 의견이 대다수였다. 나 또한 오랫동안 같은 생각을 해오던 차에 영상 편집에 관한 서적이 대중적이면서 전문가도 함께 볼 수 있는 책이면 좋겠다는 아이디어가 떠 올랐다. 그래서 영상 편집 전문가뿐만 아니라 입문하는 분들도 전문 분야의 내용을 편하게 받아들이고 쉽게 읽히는 책을 쓰고 싶었다. 더 나아가 단순히 영상 편집이 이렇게 하면 된다는 설명을 하기보다는 어떻게 영상 편집을 해야 하는지에 대한 실용적인 방법을 제시하는 책이 되었으면 한다.

영상 제작 초보자, 전공자(학생), 프로페셔널에게 추천!

또 한 가지 이유는, 2008년 애플 공인 트레이너로 활동 중이던 1세대 강사가 진행했던 '파이널 컷 프로 국제 공인 교육과정'을 들을 기회가 있었는데 그야말로 대충격이었다. 도구 교육이 이렇게 잘 준비되고 체계적일 수도 있다는 걸 처음 깨달았기 때문이다. 그날 이후로 공인교육과정에 심취하게 되었고 파이널 컷 프로 트레이너가 되겠다고 마음을 먹었다.

이후 부산대학교 첨단영상센터에서 제공하는 애플의 여러 자격증 중에 마스터 트레이너에게 필요한 공인자격증을 모두 취득했고 배운 내용들을 영상 편집 수업에 적용했다. 그러자 학생들은 도구를 배우는 데 이해도도 높아졌고, 속도도 빨라지기 시작했다. 이때부터 지금까지 배우고, 가르쳤던 경험이 이 책에 고스란히 녹아있다고 해도 과언이 아니다.

지금까지 누구나 몰입할 수 있는 영상 전문 서적은 없었다!
영상 편집을 이렇게 쉽게 배울 수 있다니!

유튜브 플랫폼의 등장으로 우리는 초, 분, 시간 단위로 매일 방대한 양의 영상 콘텐츠를 소비하고 있다. 이런 세상에서 영상 소비자는 언제 어디서나 쉽게 영상을 접할 수 있게 되고, 더 나아가 취미를 넘어 콘텐츠 제작에 뛰어든다. 2021년 한 기사에서는 영상 콘텐츠에 대해 이렇게 언급했다.

"전 세계에서 매달 유튜브에 로그인하는 사용자 수가 20억 명을 넘고, 이들이 보는 영상의 재생 시간만 하루에 10억 시간을 넘긴다. 국내에서도 사정은 다르지 않다. 네이버가 1위를 지키고 있어 웹사이트 순위에선 3위지만, 스마트폰이나 태블릿 등 모바일 환경에서 개별 앱 사용 시간만으로는 가장 오래 머무르는 앱 1위가 유튜브다."(김태훈 기자, "한국인 '시간도둑' 1위 앱 유튜브", 주간경향, 2021.10.03)

영상 콘텐츠 시장의 판도를 바꾸고 있는 유튜버, 온라인 동영상 핵전쟁 시대의 도래! 수많은 어린 청소년뿐만 아니라 성인, 유명인 등 진입장벽이 낮으므로 누구나 도전할 수 있는 유튜브 세상. 하지만 얼마 가지 않아 아이디어 고갈, 시간 부족, 수익 문제로 포기하기 마련이다.

과연 여러분은 이 시장에서 살아남으려면 어떻게 해야 할까? 매일 편집 프로그램 앞에서 고민하고, 좌절하고, 날밤을 새우는 이들을 위해 나만의 영상 편집 비법을 공개하려 한다. 이 책에서 제시하는 영상 편집 비법 7가지만 알아도 남다른 영상 콘텐츠를 만들 수 있고 차별화된 영상으로 시청자를 열광하게 할 수 있고 결국 여러분이 그토록 원하는 구독자를 늘릴 수 있을 것이다.

차별된 영상을 만들 수 있는 비법 공개!

이 책을 쓰는 동안 좋은 영상을 한 편 보는 것처럼 즐거웠고 결국 영상을 즐길 줄 아는 자가 좋은 영상을 만들 것이라고 나는 믿는다. 이 책도 그런 마음으로 봐 주기를 기대한다!

"영화감독이 꿈이었던 내가
영상 편집을 가르치는 사람이 됐다."

1981년 초등학교 5학년 때, 학교에서 매월 1회 문화교실을 시행했다. 그 때문에 시내에 있는 영화관에 가서 전체 영화관람을 했다. 당시 처음 본 작품이 〈바람과 함께 사라지다〉라는 영화였는데 딱히 좋은 기억은 없다. 날씨도 초여름 정도였던지라 실내는 매우 더웠고, 관객도 너무 많은 탓에 자리가 부족해 계단에서 관람했다. 심지어 초 장편 영화라 1, 2부로 나눠서 3시간 이상 상영했던 것 같다.

하지만 어린 초등학생이었던 나의 가슴을 뛰게 한 것은 영화관람 후에도 머리에서 떠나지 않는 대형스크린, 그리고 그 스크린 앞에 앉아서 영화를 보는 나의 모습이었다. 그냥 영화관에 내가 있었다는 것 자체가 너무 좋았다. 그 이후로는 TV에서 방영되는 〈주말의 명화〉, 〈명화극장〉에서 서부영화를 주로 보면서 자랐고, 중학교 1학년 때는 친구들과 영화 〈007 문레이커〉를 보고 특수효과(크로마키 효과)에 매료되어 영화감독이 되고 싶다는 막연한 꿈을 꿨다. 그 시절에는 영화에서 보이는 모든 것들이 신기했다.

"나도 저런 멋진 영화를 만들고 싶어."

영화감독을 꿈꾸면서 영화감상에 빠져 지내던 중 1989년 나의 인생 영화를 만났다. 바로 로빈 윌리엄스 주연의 〈죽은 시인의 사회〉다. 영화 보는 내내 가슴 속에서 무언가가 스멀스멀 올라왔고, 크레딧에 'The End'가 올라가는 순간에는 한동안 의자에 고정된 느낌이 아직도 생생하다. 그날 친구 자취방에서 밤새도록 영화에서 느낀 감동적인 내용만 이야기하다가 잠을 설친 기억이 난다.

그로부터 약 20년 후 다시 〈죽은 시인의 사회〉를 뜻밖의 장소에서 다시 만났다. 이번에는 파이널 컷 국제 공인 교육과정을 수강했을 때 강사가 첫 시간에 〈죽은 시인의 사회〉 영화 중 휘트먼의 시 'what is your verse be?' 장면을 보여주며 영상을 제작하는 목적이 뭔가를 깊이 고민하는 계기가 됐다.

"지금까지 나의 강의는 껍데기밖에 없었구나.", "이제부터는 내 수업에 알맹이를 하나씩 넣어야겠다." 그리고 더 나아가 "조금씩 알맹이를 채워나가야겠다"라는 결심을 하게 됐다. 이때부터 나는 10여 년 동안 내 수업 내용의 지속적인 질적 변화와 향상을 가져왔으며 교수자로 업그레이드되기 시작했다. 대학 강단에서 영상 편집 수업을 어떻게 해야 할지에 대한 확고한 교육철학을 가지고 매일 학생들을 지도하고 있다.

꿈은 이루어지지 않지만 놓지만 않으면 가까이는 갈 수 있다.

여러 해 전부터 본교에서 외국인을 대상으로 영상 관련 전공 수업 강의 개설을 준비하고 교원 교육도 꾸준히 하고 있었다. 미국에서 학위를 받았고, 관심도 많아 언젠가는 해외에서 학생들을 가를 칠 꿈을 꾸고 있었다. 마침 2018년 여름, 본교에서 진행한 해외 자매 대학 교원 교육프로그램에 TUIT대학(우즈베키스탄 소재) 방송학과 소속 교수들이 참여해 영상 제작 전반에 대한 교육을 받았고, 나는 이 프로그램에서 강사로 참여해 영상 편집에 관한 교육을 했다.

그 후로 SNS를 통해 우즈베키스탄 현지 교수들과 지속적으로 소통했고, 이듬해 (2019) 봄에 드디어 내가 꿈꾸던 해외에서 학생을 가르칠 기회가 생겼다. TUIT의 요청으로 교환 교수 자격으로 우즈베키스탄에 갔고 TUIT대학 방송전공학과 3, 4학년을 대상으로 영상 편집 전반에 대한 교육을 직접 하는 꿈같은 일이 일어났다. 2018년 이전까지는 중앙아시아에 있는 이름도 생소한 우즈베케스탄이란 나라에 갈 거라고는 단 한 번도 생각한 적이 없었다. 그것도 학생을 가르치러 간다는 건 말도 안 되는 사건이었다. 그러나 마음속 한 편에는 항상 해외에서 학생을 교육하고 싶은 열정이 자리했고, 그 간절함이 멋진 기회를 가질 수 있도록 도운 것이 아닌가 싶다.

아쉽게도 잠시 귀국한 2020년 2월 중순, 코로나19로 인해 우즈베키스탄 여정이 중단됐다. 만약 코로나19가 아니었다면 이 책은 아마 to be continued일지도 모르겠다. 한 학기 동안의 짧은 경험이었지만 너무나도 소중했고, 우즈베키스탄 교육 현장에서 느꼈던 내용도 일부 책에 녹여냈다.

2023년 현재, 대부분의 미디어 플폼에서 보게 되는 영상 콘텐츠를 제작하는 일반인과 프로 영상제작자 모두 편집에 대한 고민을 하지 않은 사람은 없을 것이다. "어떻게 하면 영상 편집을 잘 할 수 있지?"," 저 유튜버는 어떻게 화려하게, 심박하게, 감동적으로 편집했지?" 같은 질문을 한 번쯤은 던져 봤을 것이다. 그때마다 검색해 보고 지인을 통해 물어봐도 꽤 괜찮은 정보를 얻기가 쉽지 않았을 것이다.

당연하다. 항상 어떤 분야의 고급 정보는 경제적 대가가 필요하다. 인터넷에서 떠도는 대부분의 정보는 거의 오류가 있거나 내용이 부족하다. 좋은 정보를 얻기 위해서는 공인된 기관(영상전공학과, 영상 전문 교육기관)을 찾아 본인에게 꼭 필요한 정보를 얻어야 하며, 효율적인 방법은 온/오프라인을 통해 이 분야의 전문가, 멘토, 스승을 잘 만나는 것이 중요하다.

코로나19를 겪으면서 온라인으로 영상 편집 수업을 해 보니 효과가 미비했고 뭔가 다른 방법의 교수법이 필요하다는 걸 깨달았다. 고민 끝에 디지털 시대에 아날로그 전공법이 먹힐 것이라는 역발상으로 '이런 책도 세상에 한 권 정도는 있으면 영상인을 꿈꾸는 이에게 도움이 되지 않을까?'라는 이유에서 책을 썼다.

영상 편집 및 제작 분야 20여 년의 경험을 통해 깨닫게 된 핵심적인 영상 편집 지식 및 노하우를 담고 싶었고 교육 현장에서 얻은 경험, 특히 지난 2019년 우즈베키스탄 현지에서 학생들을 가르치면서 경험했던 잊을 수 없는 소중한 기억을 기술했다. 영상 콘텐츠를 처음 만들기 시작하는 초보자가 이 책이 제시하는 비법 7단계를 충실히 수행한다면 개인 간의 능력 차이가 있겠지만 꽤 볼만한 영상, 나아가 나만의 영상을 만들 수 있다고 확신한다.

이 책이 영상인의 더 밝은 미래를 위해 도움이 된다면, 특히 교육 현장에서 학생들이 더 몰입할 수만 있게 한다면 내 소명은 다했다고 느낄 것이다. 비록 꿈이었던 영화감독은 되지 않았지만, 최고의 영상 제작자를 양성하기 위해 하루하루를 충실히 살고 있다.

나는 감히 한국에서 활동하는 영상인이라고 자처하는 이들에게 이렇게 말하고 싶다. 우리는 영상 재벌이다! 대한민국에서 영상을 제작할 수 있다는 게 얼마나 좋은 환경에서 특혜를 받고 있는지 우즈베키스탄 경험을 통해 너무나도 명확히 느꼈다.

이제 사람 탓, 환경 탓, 장비 탓, 돈 탓하지 말고 우리가 무엇을 가졌는지, 못 가졌는지를 봐야 할 때다. 그다음에는 내 가슴이 원하는 영상에 대한 열정을 좇아가야 할 때다. 그토록 간절히 꿈꾸는 대박 유튜버! 최고의 콘텐츠 크리에이터! 지금부터 그 첫걸음을 함께 떼 보자.

날짜	활동	위치	Motivation	Objective & Goal
1982	문화교실(영화감상)		배우	영화감독
1994	어학연수		영어	프로듀서
1998	유학		전공	DMAT/Telecommunication
2005	CATV 근무		영상	뉴스 CP
2011	AATC		교육	국제공인자격증
2014	KUMA		교육	교수
2019	우즈베키스탄		교육	교환교수
2023	KUMA		E-Learning	교수

영화감독(이루지 못한 꿈) → 방송 프로듀서(경력 10년) → 교수(경력 15년) → 작가(시작)

꿈(성공)은 이루고 나면 허망하다.

그러므로 나를 지속적으로 발전시키기 위해 조금은 남겨두라.

-박 교수 생각

과거 & 현재 & 미래 영상 편집자 Job

과거(past) 영상 편집자 Job **"팀 작업 중심"**	현재(now) & 미래(future) 영상 편집자 Job **"개인 작업 중심"**
• EDIT : 촬영 소스 클립이나 준비된 영상 파일을 스토리에 맞게 연결하기 • TRIM : 불필요한 부분을 다듬기 • CORRECTION : 비디오 색감, 오디오 음질 수정하기 • COMPOSITION : 내레이션, 자막, 효과 등 종합 편집하기	• EDIT : 촬영 소스 클립이나 준비된 영상 파일을 스토리에 맞게 연결하기 • TRIM : 불필요한 부분을 다듬기 • CORRECTION : 비디오 색감, 오디오 음질 수정하기 • COMPOSITION : 내레이션, 자막, 효과 등 종합 편집하기 + • 영상 촬영 현장에서 가편집(Rough Cut) 작업 • 매일 발생하는 수많은 자료 탐색 및 정리 (Logging) • 편집 도구에서 소스 및 메타 데이터 관리

차례

2부 영상 편집 실전 편 : 영상 편집 워크 플로우

3부 대박 유튜버, 어렵지 않다 : 유튜브 크리에이터를 위한 꿀팁

0부

영상 기초
이론 및 개념 정리

초보 영상 편집자가
가장 많이 하는 실수 7가지

좋은 영상 편집자가 되기 위해서는 먼저 영상 편집할 때 편집자 본인이 뭐가 부족한지를 빠르게 깨달아야 한다. 같은 주제와 같은 소스 클립을 제공해서 편집된 결과물에서 왕초보와 프로 영상 편집자의 가장 큰 차이는, 영상 콘텐츠의 러닝타임(running time, 제작물 전체 분량)이다. 바꾸어 말하면 프로의 영상 제작물 전체 길이가 왕초보보다 대부분 훨씬 짧다. 물론 작업 시간 또한 큰 차이가 난다.

이러한 원인이 발생하는 데는 여러 가지 이유가 있겠지만 대부분 기본 능력이 부족해서 일어나는 경우라고 생각한다. 다음 정리한 것을 보고 왕초보나, 영상 전공인 학생이 하는 가장 흔한 실수 7가지를 통해 어떻게 하면 실수를 줄여 마스터가 될 수 있는지 살펴보자.

1. 촬영 영상 또는 소스 파일을 가져오기를 할 때 전체 파일을 바로 창으로 드래그(Drag)한다.

가져오기에 대한 개념이 없이 무작정 편집에 뛰어드는 경우이기 때문에 좋은 결과물을 생산하게 될 확률이 낮아진다.

2. 가져오기한 소스를 훑어보기(Skimming)를 하지 않고 편집한다.

편집창(시퀀스 또는 타임라인)에 전체 소스를 가져다 두고 편집하기 시작하는 경우로 편집 속도가 매우 느려진다. 왜냐하면 필요한 부분만 편집해야 하는데 그 과정이 생략된 상태이므로 소스를 여러 번 반복해서 봐야 하는 상황이 발생해 엄청난 시간을 낭비하게 된다.

3. 소스 클립 이름 정하지 않고 편집한다.

만약 여러 개(예능 한 편당 평균 수천 개)의 소스 클립이 있다면 한 컷을 자를 때마다 소스 클립 창에 있는 여러 클립을 돌아다니게 되는데, 이것은 시간 낭비뿐만 아니라 효율적인 편집을 할 수 없게 된다.

4. 프로젝트 이름을 쓰지 않고 편집한다.

이런 경우는 대부분 성급하게 최종본 영상을 만들고 싶거나, 제목은 나중에 결정하면 된다고 생각하고 편집한 결과다. 영상 콘텐츠 제목을 정하지 않고 편집하면 맥락에서 벗어나므로 좋은 스토리가 나오기 어렵다.

5. 영상 편집을 샷(Shot)과 샷(Shot)의 연결이라고 생각하지 않는다.

초보 편집자는 샷에 대한 개념이 없이 영상을 잘라내는 것 같다. 시작점과 끝점으로 샷을 잘라야 한다는 개념을 잡고서 적절한 편집점을 잡도록 신중해야 한다.

6. 구성안 또는 스토리 없이 편집한다.

이 실수는 거의 100퍼센트 초보들이 한다고 생각한다. 우리의 두뇌, 특히 기억력은 상당히 즉흥적이고 변화무상하다. 방금 생각했던 무언가가 갑자기 생각이 나지 않고 혹은 다른 생각이 기존의 생각을 덮으면 좀 잡을 수가 없다. 그래서 글쓰기를 통해 생각을 미리 정리해 보고 구체화한 다음 최종 완성된 스토리를 가지고 편집해야 한다.

7. 마무리를 어떻게 할지 모르고 편집을 시작한다.

편집을 매끄럽게 할 수 있는 결정적인 이유는 엔딩을 어떻게 해야 하는지를 아느냐 모르느냐의 차이다. 초보 편집자는 컷을 편집하면서 스토리를 만들고 결론도 상황에 맞춰서 낸다. 예를 들어 세종시에서 광화문 광장에 도착하려고 한다면 여러 가지 방법이 있을 것이다. 나의 출발점과 목적지가 명확하면 방법 또는 선택지가 다를 뿐이지 어떤 형태로든 목적지인 광화문 광장에 도착할 것이다. 그런데 세종시에서 서울에 도착하기로 한다면 난감할 것이다. 이처럼 엔딩을 정해놓고 편집을 한다면 순조롭게 마무리할 수 있는 확률이 매우 높다.

"영상의 결말은 미리 정하고 편집을 시작하라!"

위의 예시 7가지 실수 중에서 자주 하는 실수를 하나씩 줄여 나간다면 초보 딱지는 빠른 시일 내에 뗄 수 있을 것이다. 그다음에는 중급, 고급 과정의 단계로 가야 하는데 여기서부터는 사람마다 다르겠지만 상당한 시간을 써야 한다. 영상 편집자가 본인의 편집 최종본 영상에 대해 가장 듣고 싶어 하는 말은 아마도 "편집점을 잘 잡았네"일 것이다. 영상 편집자에게 있어 이 말보다 더 극찬은 없을 것이다.

"편집점을 잘 찾아라!"

주변 친구나 지인으로부터 "넌 편집점을 잘 찍는 것 같아"라는 말을 자주 듣기 시작하게 되면 영상 편집자로서 고급 단계로 가고 있는 과정 중일 것이다. 이때부터는 작업량과 경험치가 쌓이면 쌓일수록 영상의 품질이 좋아진다.

물 들어올 때 노를 저어 다양한 작품 제작에 참여하라!

영상 편집자 마스터 되기
비법 7가지

이제 영상 편집 마스터가 되기 위해서는 어떤 비법이 있는지 알아보자. 가장 중요한 부분만 간추려 다음 7가지를 정리했다. 7가지로 간추린 이유는 직접 경험하고 보았던 수천 여편의 영화, 다큐멘터리, 드라마, 광고, 뮤직비디오, 그리고 영상 관련 전문 서적 등을 통해 스토리텔링을 가장 효율적으로 할 수 있는 방법이라고 박 교수는 믿기 때문이다(물론 이보다 더 좋은 방법도 많을 것이다).

1. 나만의 영상 편집 정의 만들기

첫 번째 영상 편집 정의: 스토리텔링(storytelling)

다르게 말하면 시공간을 넘나들 수 있는 마법을 부리는 것이다. 현재의 이야기로 내용을 편집하다가 과거로 갈 수 있고, 다시 미래로 이동한 뒤 현재로 돌아올 수 있게 하는 편집이다.

두 번째 영상 편집 정의: 프레임(frame)의 예술

영화 한 편의 첫 한 프레임은 다른 작품의 프레임 하나와 비교했을 때 크게 차이 나지 않는다. 그러나 점점 프레임이 더해지면 어느 순간부터 영상 품질의 차이가 나기 시작한다. 이처럼 나만의 영상 편집 정의를 장착하고 편집에 임한다면, 본인의 영상 철학을 스토리에 담을 수 있다.

2. 영상 편집 도구의 태생과 본성을 이해하기

현재 지구상에 존재하는 모든 영상 편집 도구의 성능은 매우 우수하다. 스토리를 잘 만들기 위해서는 어떤 도구를 사용할지 고민한다면 2가지를 살펴봐야 한다. 첫 번째, 본인이 잘 배울 수 있는 도구를 선택한다. 두 번째, 도구가 어떻게 업그레이드되었는지 역사를 알면 나의 메인 편집 도구로 어떤 것을 선택해야 할지 결정하기 쉽다. 일단 한 번 선택하면 바꾸지 않는 편이 좋다는 게 필자의 주관적인 생각이다.

3. 나만의 이상형 찾기

영상 편집을 잘하기 위해서는 닮고 싶은 롤모델이 필요하다. 이상형이 있어야 동기부여가 되어 열정적으로 시작할 수 있고, 이를 통해 괜찮은 영상 편집자로 성장할 수 있다. 영상 제작은 원래 도제식으로 교육이 이뤄졌으나, 현재는 동영상 콘텐츠가 도제식을 대신하고 있는 것 같다. 따라서 잘 만들어진 작품을 모방하고 연습하면 그 과정에서 배운 것들이 여러분의 실력을 향상시킬 것이다. 마치 세계적인 클래식 피아니스트가 한 곡을 수천, 수만 번 반복 연습하여 완성도를 높이는 것과 같다.

4. 영상 제작 도구를 배울 때 누군가를 가르치거나, 코칭하기 위해 배우기

영상 편집 도구를 처음 접하거나 사용할 때 보통 사용 목적이 기능에 초점이 맞춰진 경우가 많다. 특히 '나 혼자만' 알아야 하는 것이 목적인 경우가 대부분이다. 편집 도구를 사용하는 이유는 도구를 익혀서 재미있고 멋진 영상을 만드는 것이다. 보통 도구의 기능인 기술적인 부분에만 집중하게 되는데, 이런 경우 편집 시간이 길어질수록 편집이 잘 안 되어 영상 콘텐츠 수준이 떨어진다. 그런 한계를 뛰어넘고 진정 내 것으로 습득하기 위해서는 남다른 마음가짐이 중요하다. 새로운 편집 도구를 배우고 익힐 때 본인이 선생님처럼 도구의 기능을 학생들에게 가르칠 수 있어야 한다는 마음가짐의 자세로 임해야 한다. 이런 식의 도구 습득 태도는 기능에 대한 이해도가 빨라지고 활용 능력도 탁월해져 새로운 기능을 알아가는 재미가 있게 되고 초보자가 흔히 경험하는 도구에 대한 두려움이 사라지게 될 것이다.

5. 영상 맛집 찾기

음식이 맛있는지 없는지는 먹어봐야 알고, 같은 메뉴라도 여러 집에서 먹어봐야 비교할 수 있다. 그래야 어느 집이 더 맛있고 왜 맛있는지 알 수 있다. 이런 점을 영상 제작에 적용해 좋은 영상을 만드는 핵심은 '맛집을 찾는 과정'과 유사하다. 좋은 영상과 그렇지 않은 영상이 어떤 영상인지 알아야 판단할 수 있다. 그러므로 같은 장르의 영상을 많이 보고 더 나아가 다양한 장르의 영상을 보면 내가 추구하고 만들고 싶은 영상이 무엇인지 알게 된다.

6. 프랑스 코미디 영화 보기(잘 만든 영화에는 "와우 포인트"가 있다)

필자 나름대로 프랑스 코미디 영화를 정의한다면, 코미디 장르지만 인간의 내면을 잘 표현하고 심도 있게 다룬다는 것이 마치 인문학 책 한 권을 읽는 느낌이다. 대부분의 프랑스 영화가 그런 것은 아니지만, 내가 괜찮게 본 영화에는 공통점이 있다. 바로 와우 포인트, 소위 입이 쩍 벌어지게 만드는 포인트가 2~4개 이상 존재한다는 것이다. 창의적인 발상으로 눈과 귀를 호강하게 하는 프랑스 코미디 영화 장면들을 만들어 내는 감독 및 제작 스텝에게 존경을 표한다. 여러분도 이런 영화에 친숙해지기 시작하면 나만의 와우 포인트를 편집할 수 있다.

7. 나만의 색깔과 정체성이 드러나는 영상 만들기

필자가 영상 편집 초보였을 때, '난 절대로 유명 감독 작품을 흉내 내서 만들지 않을 거야'라고 생각했다. 그건 내 생각이 아니니까. 그래서 내가 영상을 만든다면 나의 생각대로 제작하면 된다고 믿었으며, 현재 필자의 학생들도 대부분 같은 마음일 것이다. 하지만 남을 감동하게 할 만한 영상 편집자가 되기 위해서는 기본적인 영상 제작 공식을 알고 따라야 한다. 이 공식은 잘 만든 작품에 고스란히 녹아 있다. 세계적으로 유명한 감독은 이미 다 알고 있다. 그 공식은 인간의 심리를 이해하는 것이다. 즉 사람이 영상을 만들며 보는 것이므로 인간을 이해하지 않고서는 불가능하다.

위 7가지 비법은 '1부 이론편'에서 더 자세히 알아보자. 영상 편집을 잘하기 위해서는 오만 가지의 요소들이 있겠지만, 어떻게 7가지 내용으로 구성하게 되었는지 설명할 예정이다.

필자가 설명한 방법 중 한 가지만이라도 이해하고 수행하면 이미 멋진 영상 편집자다. 수많은 온라인 영상 콘텐츠를 소비하고 만들고 있는 21세기, 대박 히트 영상 제작자를 꿈꾸는 여러분! 이 책이 여러분의 꽃길이 되기를 기대하기보다는 최고의 가이드북이 되기를 바란다.

영상 편집 스토리라인
구성 요소

✿ 프레임(Frame)

프레임은 영상을 구성하고 있는 낱개 사진을 의미하고 동영상을 다룰 때는 프레임 레이트(frame rate)를 연결해서 이해해야 한다. 프레임 레이트는 24fps(24 frame per second)의 영상이라면 1초에 24개의 프레임으로 영상이 구성되었다는 뜻이다.

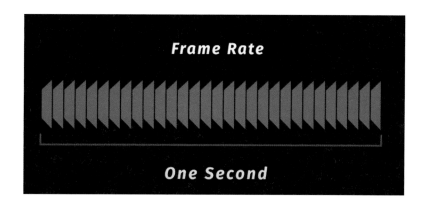

아날로그 시대에는 지구상에 영화 24fps, TV 30fps(북미, 아시아 등), 25fps(유럽, 러시아 표준) 단 3개의 프레임 레이트가 존재했다. 하지만 디지털 시대인 지금은 1초에

240까지도 가능한 시대가 되었다. 프레임 레이트에서 여러분이 반드시 알아야 할 핵심은 24가 가장 유연한 프레임 레이트라는 것이다.

 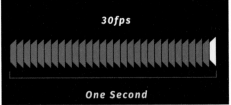

매체가 너무나 다양해지면서 요구하는 프레임 레이트가 다르다. 게다가 이제는 플랫폼 시대로 편집자의 프레임 레이트에 대한 이해도가 더 중요한 시대다. 그래서 만약을 대비해 항상 편집 도구에서 편집 시퀀스 세팅은 기본 24fps로 하기를 권장한다.

> **더 자세한 '프레임 레이트(frame rate)'에 관련된 내용은 아래 두 사이트를 참고하기**
>
> ☐ 위키피디아 : 프레임 레이트
> ☐ studiobinder : "프레임 속도란 무엇입니까? 초당 프레임 수에 대한 영화 제작자 가이드"(BY SC LANNOM ON 31월 2021)

24fps를 프레임 레이트(frame rate)로 세팅하면 안전하다!

대표 프레임 레이트
24fps(영화), 25fps(독일 PAL방식과 프랑스 SECAM방식), 30fps (미국 NTSC방식)

24fps 프레임 레이트를 설정하면 다른 프레임 레이트로 변환하기가 가능하다. 마치 대전이 우리나라 중간지점이어서 전국의 어떤 장소를 가든 교통의 요충지인 것처럼 24fps도 마찬가지 개념이다.

Types of shots의
정의 및 의미

샷은 영상을 촬영할 때 카메라의 녹화 버튼을 눌렀다가 정지하기까지의 화면의 움직임이 기록된 영상 단위다. 편집에서 컷이랑 같은 의미로 쓸 수 있다.

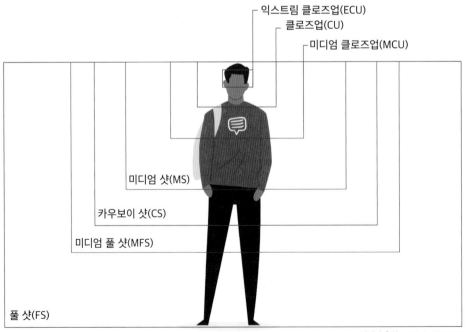

이미지 출처: studiobinder.com

샷 크기 비교

편집의 신(scene) ▶━━━●

오버 더 숄더 샷(Over The Shoulder Shot)

-인물의 어깨 너머로 다른 배우의 미디엄 샷
  또는 클로즈업을 보여주는 것
-등장하는 두 인물을 한 데 묶고, 대사를
  말하거나 듣고 있는 사람에게로 관객의
  관심을 집중시킴

버스트 샷(Bust Shot)

-가슴에서 머리끝까지 상반신을 촬영
-인물의 표정을 잘 나타낼 수 있는 장점

웨이스트 샷(Waist Shot)

-한 인물의 머리끝부터 허리 위까지 촬영
-주로 상반신의 움직임을 중심으로 연기되는
  상황을 촬영할 때 쓰임

니 샷(Knee Shot)

-인물의 무릎부터 머리까지 촬영
-화면 사이즈가 작고 뚱뚱한 텔레비전에서
  주로 구사됨
-풀 샷보다는 좀 더 확대된 샷으로 인물의
  표정까지 자세하지 않지만, 행동이나 동작을
  보여줄 수 있음

롱 샷(Long Shot)

-인물을 화면 높이의 약 3/4에서 1/3 정도까지
크기로 포착한 장면
-카메라가 포착하는 범위가 넓어서 전체적인
움직임을 한눈에 알아볼 수 있는 장점

익스트림 롱 샷(Extreme Long Shot)

-아주 멀리서 넓은 지역을 묘사하는 장면

클로즈업(Close-up)

-피사체에 가까이 접근해 화면 가득 포착하여
 찍는 장면
-연기의 일부를 확대해 보여주거나 사물을
 확대해 관객에게 제시함
-무엇을 '강조'함으로써 관객을 장면 속으로
 끌어들여 극적인 효과를 더하고, 사건의
 시각적 명쾌함을 증진함

익스트림 클로즈업(Extreme Close-up)

-클로즈업에서 특정 부위를 더 확대하여
 포착한 장면
-눈, 코, 귀, 입 등 한 부분만을 확대 촬영하여
 심리 묘사에 주요 이용

풀 샷(Full Shot)

-인물의 전신을 포착한 장면
-풀 샷이 많은 부분을 차지하면 화면 진행상
 밀도가 떨어져 전반적으로 빈 느낌이 나고,
 지나치게 설명적인 묘사가 되는 결과를
 초래할 수 있음

하이 앵글 샷(High Angle Shot)

-대상을 위에서 아래로 바라보는 각도의 장면
-높은 위치에서 아래의 피사체를 내려다 보는
 촬영 장면
-로우 앵글 샷(Low Angle Shot)의 반대 기법

✹ 컷(Cut)

편집의 기본 단위로 샷에서 필요한 시작점과 끝점을 찍어서 자르는 것이다. 컴퓨터 키보드에서 단축기 I를 누르면 시작점(In Point)가 찍히고 단축기 O를 누르면 끝점(Out Point)가 찍힌다. 다음 이미지 속 노란색 박스 표시가 인점과 아웃점으로 컷이 만들어진 것이다.

FCPX 브라우저(Browser)창에서 소스클립에 인점과 아웃점을 찍어 컷을 만든 경우

✸ 씬(Scene)

씬은 동일 시간, 동일 공간에서 전개되는 단일 상황, 액션, 사건을 뜻한다. 한 개의 컷으로 구성할 수도 있고 여러 개의 컷을 연결하여 구성할 수도 있다. 다음 이미지는 슈팅 스크립트(Shooting Script)라고 하고 촬영 전에 씬을 어떻게 여러 개의 컷으로 구성할 건지 시각화한 작업이다.

야간 비행 (2막_#2)

(INT. 닌텐도 방. 새벽)
소기가 방에 들어와 닌텐도를 찾은 후. 몰래 닌텐도를 시작한다.

	Scene	shot	description	shot size	shot type	movement	equipment	length	Audio
	2	1	소리가 방에 들어와 문을 주시하며 천천히 닫는다	W.S	Eve Level	statics	Tripod	4s	아버지 코골이 소리 -3dB 낡은 경첩 끼익 작게
(손 X)	2	1-Ins	방문이 소리 없이 닫힘	C.U	Low Angle	statics	Tripod	3s	아버지 코골이 소리 -5dB
	2	2	소기가 문 앞에 서서 천천히 방을 둘러봄	B.S	Eve Level	statics	Hand-Held	4s	아버지 코골이 소리 -5dB
	2	3	소기가 방을 살펴보던 중. 닌텐도를 발견함	F.S	소기 POV	statics	GimBal	4s	아버지 코골이 소리 -5dB

한 씬을 콘티 작업 한 슈팅 스크립터(Shooting Script) 예시

✸ 시퀀스(Sequence)

시퀀스는 하나, 하나의 씬들이 모여서 구성된 단락이다. 아래 이미지는 파이널 컷 프로 편집 도구에서 프로젝트 창에 여러 씬이 모여서 완성된 시퀀스가 만들어진 예이다.

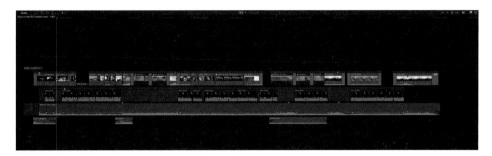

FCPX에서 프로젝트(Project)창에 여러개의 씬(Scene)이 편집된 이미지

영상 편집자가
꼭 알아야 하는 용어

⊕ 샷의 종류

⊙ 카메라와 피사체의 앵글에 따른 샷 분류

카메라로 촬영을 할 때 어떤 각도(angle)에서 피사체를 담느냐에 따라 샷이 분류된다. 부감(hight angle), 양각(low angle), 경사/사각 앵글(oblique-angle 또는 더치 앵글- dutch angle), 오버 헤드 샷/직부감(over head shot) 직부감, 버즈 아이 뷰(bird's eye view) 등 다양한 앵글 샷에 대해 알아보자.

아이 레벨 샷(eye level shot)

아이 레벨 샷은 가장 보편적인 샷이다. 실제 관찰자가 어떤 장면을 볼 때와 실제의 눈높이와 거의 흡사하게 촬영한 것을 이야기한다.

부감(high angle)

부감 혹은 하이 앵글이라고 불리는 이 앵글은 카메라가 피사체를 위에서 아래로 내려다

보면서 촬영하는 경우를 이야기한다. 소외 혹은 고독, 외로움을 표현하거나 인물의 나약함, 초라함을 느끼게 한다.

앙각(low angle)

로우 앵글이라고도 불리는 앙각은 카메라가 피사체의 아래에서 위로, 위를 향해 촬영한 것을 이야기한다. 인물을 대상으로 했을 경우 일반적으로 권위적이고, 위엄 혹은 존경심, 위대함을 느껴지게 한다.

카메라 레벨 & 샷 크기

경사/사각 앵글(oblique-angle 또는 더치 앵글-dutch angle)

경사, 사각 앵글은 카메라를 기울여서 찍은 샷이다. 이를 통해서 초조나 긴장, 불안, 어떠한 왜곡된 묘사가 필요할 때 사용한다.

오버 헤드 샷/직부감(over head shot)

직부감이라고도 하는 '오버 헤드 샷은 사람의 머리 바로 위에서 찍은 샷을 이야기한다. 버즈 아이 뷰의 축소 개념으로 수직으로 사람의 머리 위에서 정수리 부분을 찍는 샷이라고 이야기할 수 있다.

버즈 아이 뷰(bird's eye view)

버즈 아이 뷰는 '새의 시선'에서 본 샷이라고 할 수가 있다. 그만큼 하늘 높이 나는 새의 눈으로 잡은 만큼 넓은 앵글을 의미하고 이는 그 자체로 '익스트림 롱 샷'이 될 수 있다.

⊙샷의 상호 관계에 따른 분류

샷은 인물, 상황 등의 상호 관계에 따라 화면이 분류된다. 이렇게 분류되면 영상을 보는 관객에게 전달하고자 하는 것이 어떤 것인지 설정하기 좋다. 주로 사용되는 마스터 샷(Master Shot), 커버리지 샷(Coverage Shot), 반응 샷(Reaction Shot), 인서트 샷(Insert Shot), 컷 어웨이 샷(Cut Away Shot), 시점 샷(POV, Point Of View), 팔로우 샷(Follow Shot), 설정 샷(Establishing Shot), 재설정 샷(Re-establishing Shot) 등에 관해 알아보자.

반응 샷(Reaction Shot)

일명 리액션 샷은 흔히 영화나 텔레비전에서 인물이 반응하는 장면을 말한다. 보통 리액션 샷은 어떤 행동이나, 사건에 대한 인물의 심리변화를 촬영할 때 주로 쓰인다. 특히 인물과 인물 간의 반응 장면은 정확히 구사되어야 관객에게 혼란을 초래하지 않는다. 예를 들어 TV 토크쇼에서 게스트와 호스트가 말을 주고 받을 때 둘 중 한 사람은 말을 하고 다른 한 사람은 듣게 되는데, 이때 듣는 사람이 고개를 끄덕끄덕하는 샷을 흔히 반응 샷이라고 한다.

인서트 샷(Insert Shot)

인서트 샷은 시청자의 주의를 장면 내의 특정 세부 사항에 집중시키는 것이 유일한 목적인 샷이다. 이러한 샷은 시청자가 텍스트를 읽거나 작은 세부 사항을 인식할 수 있도록 클로즈업 또는 극단적인 클로즈업 크기를 사용하는 경우가 많다.

컷 어웨이 샷(Cut Away Shot)

컷 어웨이 샷은 주요 움직임에서 시각적 정보를 추가하는 여러 가지 컷으로 '잘라낸' 샷이며, 새로운 의미를 지닌 원래 샷으로 돌아간다. 컷 어웨이는 샷이지만 편집자는 연속성을 유지하기 위해 컷 어웨이를 사용한다는 점에 유의해야 한다.

설정 샷(Establishing Shot)

설정 샷은 그 영화의 주제, 분위기 등 하나의 샷으로 나타낸 것을 말한다. 시퀀스 도입부에 사건이 벌어지는 공간에 대한 기본적 정보를 제공하는 장면이라고 할 수 있다. 롱 샷(long shot) 혹은 익스트림 롱 샷(extreme long shot)으로 공간이 가진 분위기와 톤이 사건이 벌어지게 될 장소에 대한 정보를 제공하는 것은 물론 앞으로 전개될 사건에 대한 극적 분위기를 미리 알려 주는 기능을 한다.

마스터 샷(Master Shot)

마스터 샷은 한 씬 전체를 시작부터 마지막 종료하는 시점까지 롱 테이크로 촬영한 샷이다. 간단히 말해서 마스터 샷은 모든 등장인물이 시야에 들어오도록 카메라 각도에서 전체 장면을 녹화한 것이다.

커버리지 샷(Coverage Shot)

마스터 샷을 다시 다른 크기의 샷들(미디움 샷, 클로즈업 샷 등)로 반복하여 충분히 다양한 장면을 촬영하는 것이다. 영상 편집에 필요한 모든 샷을 얻는 것을 커버리지라고 한다. 커버리지가 없으면 장면이 이해가 안 되거나 매끄럽게 편집이 불가능할 수 있다.

시점 샷(POV, Point Of View)

시점 샷은 캐릭터가 1인칭 시점에서 무엇을 보고 있는지 보여주는 카메라 앵글이다. 즉, 카메라는 캐릭터의 눈 역할을 하고 관객은 그들이 보는 것을 보게 된다. 일반적으로 무언가를 바라보는 캐릭터의 샷과 캐릭터의 반응을 보여주는 샷 사이에 위치하여 설정된다.

⊙인물 대화 장면의 샷 유형

인물간의 대화 장면을 촬영할 때 쓰는 샷은 주로 단독 샷(Single Shot), 투 샷(Two Shot), 리버스 샷(Reverse Shot), 오버 숄더 샷(Over Shoulder Shot)이 있다.

오버 더 숄더 샷(Over the shoulder shot)

두 사람이 마주 보고 있을 때 한 사람의 어깨 너머 다른 사람의 얼굴이 보이게 촬영한 샷이다. 어깨 너머 샷(OTS)은 카메라가 "화면 밖" 배우 바로 뒤에 배치되어 "화면" 배우의 커버리지를 캡처하는 동안 그들의 어깨가 프레임 안에 있도록 하는 샷이다.

리버스 샷(Reverse shot)

리버스 샷은 이전 샷과 대략 180도 반대 방향으로 찍은 샷이다. 영상 제작에 있어서 한 씬(scene) 안에서 캐릭터와 다른 캐릭터 사이의 공간적 관계에 관한 기본 법칙이라고 생각하면 된다. 리버스 샷은 대화 장면에서 가장 일반적으로 볼 수 있으며 샷-리버스 샷은 시퀀스에 필수적이다.

✸ 카메라 앵글

⊙ 앵글의 종류

아이 레벨(eye level)

사람의 눈높이에서 촬영되는 샷을 말한다. 평소 찍는 평범한 샷이라 노멀 앵글(normal angle)샷이라고도 한다.

로우 앵글(low angle)

밑에서 위로 올려다보며 촬영하는 샷으로, 주로 근엄함이나 웅장함 또는 위화감을 표현하고 싶을 때 쓰이는 샷이다. 광각으로 찍을 때 더 극대화된다.

하이 앵글(high angle)

일반적으로 높은 곳에서 아래로 보며 촬영하는 샷을 말한다. 주로 인간을 외소하게 보이게 하고 싶거나 나약한 존재로 표현하고 싶을 때 쓰인다.

더치 앵글(dutch angle)

카메라 앵글을 약간 비틀어 기울어지게 촬영하는 샷으로, 사각 샷이라고도 불린다. 전쟁이나 폭동이나 재난이 있을 때 핸드헬드 촬영과 함께 유용하게 쓰인다. 등산하는 인물을 담는다 치면 각도를 더 기울여 더 높은 경사도를 걷는 것처럼 보이게 할 수 있다.

⊙카메라의 움직임에 따른 분류

팬(pan), 틸트(tilt), 트랙/트래킹(track/tracking), 달리(dolly), 핸드헬드(handheld), 스테디캠(steadicam)

⊙렌즈 화각에 따른 분류

광각 렌즈(wide angle lens), 어안 렌즈(fish eye lens), 망원 렌즈(telephoto lens), 줌 렌즈(zoom lens)

영상의 앵글 변화에 대한 법칙*

⊙180도 법칙

180도 법칙은 영화 편집에 있어 기본적인 규칙으로, 어느 한 장면에서 두 사람이 마주 보고 대화 등을 하고 있을 때는 같은 장면 동안은 배우들의 좌우 위치가 언제나 같아야 한다는 규칙이다.

예를 들어 A와 B 두 사람이 대화하는 장면을 가정하자. A가 왼쪽에 있고 B가 오른쪽에 있다면 B가 화면에 보이지 않아도 A는 언제나 오른쪽을 바라보아야 하며,

* 아웃오브마라이프 블로그, 2019.12.20. 참조, https://blog.naver.com/clearsoul01/221743229946

같은 식으로 B는 항상 왼쪽을 바라보아야 한다. 만약 카메라가 원래 위치의 반대편으로 이동하면, B가 왼쪽에 있고 A가 오른쪽에 있게 되므로 시청자를 혼란시키고 장면의 흐름을 깨게 될 것이다.

이 규칙의 이름은 A와 B를 잇는 직선(가상선; imaginary line)을 기준으로 한쪽 편에서는 A와 B의 좌우 위치가 바뀌지 않는다는 데서 유래하였다. 따라서 180도 규칙을 지키면 카메라는 가상선 반대편으로 넘어갈 수 없다.

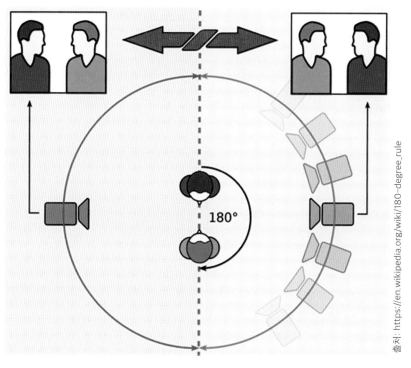

180도 법칙(180-degree rule)

⊙30도 법칙

30도 법칙은 첫 번째 카메라 위치와 그다음에 이어지는 카메라 위치는 적어도 30도 이상 차이가 나게 이동해야 한다는 법칙이다. 30도 법칙을 사용해서 촬영하게 되면, 등장인물의 움직임이 관객에게 자연스럽게 받아들여지게 된다. 이러한 촬영 기법의 효과로 인해서, 관객은 영화상에 나타나는 사건과 감정에 몰입할 수 있게 되는 것이다.

연속 편집에서 나타나는 감정 몰입을 방해하거나, 사건의 연결성을 약화하는 불연속 편집에서는 30도 법칙이 의도적으로 위반된다. 30도 법칙을 위반하여 샷을 구성하면 나타나는 '점프 컷'은 장면이 매끄럽게 이어지지 않고, 장면이 급격하게 전환되는 듯한 느낌을 준다. 대표적으로 장 뤽 고다르Jean Luc Godard는 〈네 멋대로 해라〉에서 인물의 대화를 자연스럽게 연결하지 않고, 의도적으로 점프 컷을 활용했다. 이러한 점프 컷은 관객의 무조건적 몰입을 방해하고, 새로운 감정을 유발하는 역할을 한다.

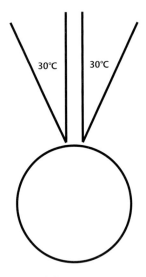

30도 법칙(30-degree rule)

✦ 매치 컷의 원칙과 유형

Adobe 홈페이지 내용 중 '크리에이티비티 및 디자인'에서는 이렇게 설명하고 있다. "매치 컷은 이전 장면의 한 가지 요소를 사용하여 다음 장면으로 전환하는 영화 편집 기법이다. 예를 들어 본질적으로 서로 다른 두 장면을 어떤 방식으로든 시각적 매칭 요소를 만들어 자연스럽게 이어지도록 하는 것이다. 영화 및 영상 편집에서 널리 사용되는 매치 컷의 대표적인 사례는 〈시민 케인〉, 〈아라비아의 로렌스〉, 〈스탠리 큐브릭의 2001: 스페이스 오디세이〉, 알프레드 히치콕의 〈사이코〉 등 유명 영화에서 찾을 수 있다."[*]

영상 편집자는 편집할 때 촬영된 소스를 보면 한 장면(같은 장면)에 최소 2개 이상의 샷 또는 테이크(Take)를 받게 된다. 여러 개의 샷과 샷을 연결하여 편집할 때 자연스럽게 또는 편집한 것 같지 않게 보이게 하는 게 좋은 편집자가 해야 할 핵심이다. 이때 여러분이 고민해야 하는 것이 편집점(in/out point)을 눈에 보이지 않도록 해야 하는 것이다. 모든 샷에서 적절한 편집점을 찍어야 하는 영상 편집자 편집점을 잘 잡아 내야 하는 눈을 가지도록 본인만의 원칙을 세워야 한다. 7가지 편집점을 자연스럽게 잡는 방법을 알아보고 편집할 때 적절히 활용하길 바란다.

방향의 일치	프레임 안에 피사체의 움직임이 있다면, 앞의 샷에서 이어지는 다음 샷도 같은 방향으로 움직임을 보여주어야 하는 것이다.
시선의 일치	시선 방향에 심한 변화가 없어야 한다.
앵글 매치	화각에 적정한 변화를 주어야 한다. 화각에 변화가 없으면 편집 시 샷의 변화감이 없어서 도리어 이질감이 생긴다.
형태 매치	유사한 모양의 사물이나 형태를 매치시키는 방법이다.
컬러 매치	피사체의 통일성 확보를 위해 색채(색상, 채도, 명도)에 변화가 없어야 한다.

---

[*] 어도비 크리에이티비티 및 디자인에서 발췌 https://www.adobe.com/kr/creativecloud/video/discover/match-cut.html

액션 매치	팔로우를 동반하는 카메라 샷을 연결하는 경우는 그 움직임이 일정해야 한다.
사운드 매치	이어지는 컷의 사운드를 미리 들려주거나 현재의 소리를 다음 컷까지 연결하는 방법이다.

❀ 불연속적인 컷의 의도적 활용

⊙ 점프 컷

"점프 컷은 피사체의 단일 연속, 연속 샷을 두 부분으로 나누고 시간을 뛰어넘는 효과를 렌더링하기 위해 푸티지(footage, 영화나 영상 제작 시 미편집한 원본) 조각을 제거하는 영화 편집 컷이다. 시퀀스의 나머지 푸티지에서 피사체의 카메라 위치는 효과를 얻기 위해 약간만 변경되어야 한다. 그것은 단일 샷의 지속시간을 이용하여 시간적 공간을 조작하고, 지속시간을 분할하여 관객을 앞으로 나아가게 하는 것이다. 장 뤽 고다르의 〈숨 가쁜〉 이전 영화에서 많이 사용되었던 1960년대 점프 컷을 많이 사용하고 이 기술을 대중화한 이음매 없는 디졸브와는 달리 이러한 컷은 시간의 흐름을 갑작스럽게 전달한다.[*]"

즉 점프 컷은 시공간의 연속성을 뛰어넘는 편집 기법이다. 시간의 단축을 위한 표현에 자주 쓰이고, 영상의 극적인 요소를 강화하기 위해서 또는 꿈이나 기억 등을 표현하기 위해서 활용할 수 있다.

⊙ 미스 매치

연속적인 편집의 원칙에서 벗어나 잘못된 컷 연결도 영상 편집 전체의 맥락에서는 눈에 거슬리지도 않고 때로는 적절해 보일 수도 있다.

---

[*] 출처: 위키피디아 '점프 컷' https://en.wikipedia.org/wiki/Jump_cut

편집의 신(scene) ▶ ●━

⊙크로싱 더 라인

스포츠 경기나 대결 장면처럼 서로 마주 보며 대응할 때는 180도 법칙을 반드시 지켜야 혼란이 없다. 그러나 때로는 180도 법칙이나 30도 법칙을 일부러 파괴하며 컷을 연결할 수도 있다.

⊙교차편집

둘 이상의 사건을 서로 엇갈리게 편집하는 방법으로 일반적으로 서로 다른 장소에서 같은 시간대에 벌어지는 일을 섞어서 보여줄 때 사용한다. 같은 시간대에 일어나지 않은 둘 이상의 장면을 섞어서 편집할 때는 별도로 평행편집이란 용어를 사용한다.

⊙몽타주 기법

영화의 샷들을 연결하거나 충돌하여 관객의 특정 감정을 유도하거나, 이야기를 선명하게 해주거나, 새로운 의미를 창출하는 영화의 편집 기법이다.

[참조 자료]

- 어도비 크리에이티비티 및 디자인
   https://www.adobe.com/kr/creativecloud/video/discover/match-cut.html
- 아웃오브마라이프 블로그
   https://blog.naver.com/clearsoul01/221743229946
- https://m.blog.naver.com/PostView.naver?isHttpsRedirect=true&blogId=klru2da&logNo=130131479488
- 《디자이너's PRO 실무 영상 편집》' Section 3. 컷의 원칙과 문법 이해하기'(영상의 앵글 변화에 대한 법칙, 매치 컷의 원칙과 유형, 불연속적인 컷의 의도적 활용)

영상 편집 스타일

✳ 교차편집(WHAT IS A CROSS CUTTING IN FILM?)

교차편집은 두 가지 이상의 사건을 서로 엇갈리게 편집하는 방법으로 서로 다른 장소에서, 동시에 벌어지는 일을 교대로 보여줄 때 사용된다. 평행편집(parallel cutting)이라는 용어와 혼용되기도 하지만 교차편집은 동시에 일어난 사건들을 병치하는 것이고, 평행편집은 동시성을 요하지 않는다는 면에서 차이가 있다. 영화 〈인셉션〉처럼 다양한 플롯이 동시에 진행될 때 주로 사용한다. 빠른 편집이 극대화된 현대 영화계에선 사실 별도의 용어를 쓰지 않아도 될 정도로 교차편집이 기본이다.

예)

-서로 대조적인 독립된 장면을 엇갈리게 보여주는 편집 기술

-동시에 혹은 다른 시간대에 발생하고 있는 서로 다른 행위들 사이의 커팅(cutting)

-긴장감(suspense)을 조성할 때, 액션의 긴박감을 고조시킬 때

✪ 평행편집(WHAT IS A PARALLEL EDITING IN FILM?)

평행편집은 시청자가 비교하고 대조할 수 있는 서사 병렬을 생성하는 특정 교차 편집 기술이다. 예를 들어 한 캐릭터가 화장실을 청소하고 다른 캐릭터가 경치 좋은 호수를 가로질러 제트 스키를 타는 경우, 비주얼은 두 장면을 나란히 편집하여 부인할 수 없는 강력한 서사 관점을 생성한다. 평행편집(Parallel Editing)은 서로 다른 장소에서 동시 또는 시간대가 다른 장면을 교대로 보여주는 편집 방식이다.

교차편집	평행편집	교차편집 vs. 평행편집
• 각기 다른 장소에서 동시에 발생한 사건을 교대로 보여주는 편집 기법으로 주로 추적 장면에 많이 쓰이며, 극적 긴장감을 높이는 데 효과적이다. • 또는 별개의 두 장면을 교차로 편집하여 보여줌으로써 두 장면의 연결점을 연상하도록 하는 편집 기법이다. • '간격 편집'과 비슷하지만 같은 시간대에서 진행되는 사건에 배치라는 점에서 시간의 차이를 두는 간격 편집과는 차이가 있다.	• 2개 이상의 장소에서 동시에 벌어지고 있는 연관된 그림을 교차로 보여주는 편집법으로, 시간대가 서로 다른 장면 사이에 일어나는 연관된 그림을 편집하는 것도 포함된다. • 서로 다른 2개 이상의 사건이 동시에 발생하고 있음을 보여주기 위해 교차로 연결하는 편집 기법이기도 하다. • 예를 들어, 아군의 성이 적으로부터 공격당한 상황의 장면에서 다른 아군의 지원군이 돕기 위해 달려오는 장면을 보여주면 관객은 더욱 긴장감을 느끼게 된다.	**"가장 큰 차이점은 같은 시간대에 일어나느냐 일어나지 않느냐."** • **교차편집**은 '서로 다른 장소에서 일어나지만 시간대는 같다'라고 설명할 수 있다. • **평행편집**은 '서로 다른 장소 및 다른 시간대에 발생한다'라고 정의할 수 있다. 또한 서로 다른 스토리로 진행되는 2개의 장면이나 상황을 연속으로 보여주는 편집 기법이라 볼 수 있다.

교차편집과 평행편집을 한눈에 비교하기 (출처: 네이버지식백과)

편집의 파워를 느끼는
몽타주

몽타주(montage)는 따로 촬영된 화면(샷)을 떼어 붙이면서 새로운 장면이나 내용을 만드는 기법을 말한다. 영상에서 '몽타주 = 편집'이라고 할 수 있다. 서로 다른 시간과 공간에서 촬영된 소스로 편집해서 새로운 영상적 시간과 공간을 창조해 낼 수 있기 때문이다. 영상 편집이란 관객의 마음속에 새로운 환상을 불어넣는 것이다. 이처럼 몽타주는 영상을 더욱 돋보이게 하며, 영상의 품질을 한 차원 더 높게 하는 역할을 한다. 그래서 넓은 의미로 몽타주를 편집이라 하고 프랑스에서는 편집을 일반적으로 몽타주라고 부른다.

영화에서 어떤 상황이 벌어지고 있음을 연출하려고 할 때, 처음부터 끝까지 롱 테이크로 일일이 보여주면 대부분의 관객은 지치기 마련이다. 하지만 상징적인 장면 몇 가지를 분할해서 촬영한 후 유기적으로 연결하면, 처음부터 쭈욱 보여주지 않아도 관객들이 어떤 상황인지를 알 수 있을 것이다.

출근하는 상황을 예로 들어보자. 일어나는 것부터 시작해서 자동차에 시동을 켤 때까지의 모든 장면을 빠짐없이 카메라에 담을 수도 있다. 그러나 몽타주 기법을 이용하면 이렇게 할 수도 있다.

> 1 cut : 자명종에 깨는 장면 3초
>
> 2 cut : 세수하고 양치하는 장면 3초
>
> 3 cut : 토스터에서 빵이 나오는 장면 3초
>
> 4 cut : 정장을 입고 가방을 드는 장면 3초
>
> 5 cut : 현관문을 닫고 계단을 내려가는 장면 3초
>
> 6 cut : 차에 타서 출발하는 장면 3초

이런 식으로 각각의 장면을 분할해서 촬영한 후 연속적으로 이어 붙인다. 분할된 장면들이 따로따로 있다면 출근하는 장면이라고 말하기 힘들겠지만, 연속적으로 이어 붙인다면 누구나 극 중 인물이 출근하는 상황임을 알 수 있다.

✦ 몽타주 이론의 대표 3인방

⊙레프 쿨레쇼프

레프 쿨레쇼프는 몽타주의 기본 개념을 잡기 위해서 한 가지 실험(모주킨의 실험)을 했다. 한 배우의 무표정한 얼굴을 촬영한 뒤, 그 뒤에 각각 아기의 관, 여자, 음식을 편집해서 붙여 넣고 관객들에게 보여줬다. 이것을 본 관객들은 각각 배우의 감정 상태를 앞의 샷에 맞춰서 해석했다. 아기의 관과 붙였을 때는 슬퍼 보인다고 했고, 여자와 붙였을 때는 기뻐 보인다고 했고, 음식과 붙였을 때는 배가 고파 보인다고 했다. 쿨레쇼프는 이것으로 두 개 이상의 컷이 편집으로 연결되었을 경우 각 컷

은 서로에게 영향을 준다는 것을 증명했다. 이것을 '쿨레쇼프 효과'라고 한다.

⊙ V.I 푸도프킨

프세볼로트 푸도프킨은 기존 레프 쿨레쇼프의 몽타주 이론을 보완하고 발전시킨 몽타주 학자다. 푸도프킨은 영화의 이야기를 선명하게 만들기 위해선, 꼭 필요한 샷만 사용하는 것을 주장했다. 푸도프킨의 이론에서는 이른바 벽돌 몽타주(연결 몽타주)가 핵심이다. 여기서 벽돌은 샷으로 비유될 수 있으며, 푸도프킨은 이야기를 명료하고 선명하게 보여주기 위해선, 좋은 벽돌, 즉 좋은 샷을 선택해야 한다고 주장한다. 이를 '합리적 순서에 의한 편집'이라고 볼 수 있겠다.

⊙ 세르게이 에이젠시테인

세르게이 에이젠시테인은 중국의 상형문자와 일본의 하이쿠에 영향을 받아 '변증법'의 원리를 몽타주에 적용했다. 다시 말해서, 정(Thesis)에 속하는 샷과 그에 반대하는 반(Antithesis)에 속하는 샷을 충돌시켜 새로운 의미를 창출하는 것이 중요하다고 생각했다. 이는 에이젠시테인의 몽타주 이론의 핵심인 충돌 몽타주의 근간이 되었으며 이후 몽타주의 효과를 더욱 진전시켜 나갔다. 그리고 파생된 여러 종류의 몽타주들을 〈몽타주의 방법(Method of Montage)〉이라는 논문을 통해 아래와 같이 5가지로 분류했다.

계량적 몽타주(Metric Montage)
샷의 길이를 조정해 음악적인 박자감을 형성하는 몽타주
율동적 몽타주(Rhythmic Montage)
샷의 내용에 따른 몽타주

음조적 몽타주(Tonal Montage)

샷의 지배적인 분위기(Tone)를 부각시키는 몽타주

배음적 몽타주(Overtonal Montage)

계량적, 율동적, 음조적 몽타주가 복합적으로 결합된 몽타주

지적 몽타주(Intellectual Montage)

관객의 지적 작용을 불러일으키는 몽타주

영화 이론서에서 예시로 든 내용을 설명하자면 다음과 같다.

A : 남자가 걷는다.
B : 여자가 걷는다.
C : 화면에 두 사람의 모습이 함께 비친다.

위의 장면을 통해 남자와 여자가 만났다고 관객들이 인식할 때, [C - A - B]의 순서로 배치하여 이번에는 남자와 여자가 만났다가 헤어져서 멀어지고 있다고 인식하게 되는 편집상의 효과가 발생하는 것이다.*

　　샷 종류, 카메라 앵글, 영상의 앵글 변화에 대한 법칙, 매치 컷의 원칙과 유형, 불연속적인 컷의 의도적 활용, 몽타주 정의 및 이론에 관련된 자세한 내용은 책《영화 편집 - 역사, 개념, 용어》,《디자이너's PRO 실무 영상 편집》, '웹사이트 Studiobind-er**'를 통해서도 학습할 수 있다.

---

* 　참고: 나무위키 '몽타주' https://namu.wiki/

** 　https://www.studiobinder.com/

1부

영상 편집 이론 편

영상 편집 에센스

편집의 정의

"기획을 세우고 사람을 모아서 창작하는 일"

_책 『도쿄의 편집』* 중에서

흔히 영화감독, 방송국 프로듀서는 영상을 연출하는 사람으로 대중들에게 알려져 있다. 스가쓰케 마사노부의 책 『도쿄의 편집』에서 "그들은 영상에 특화한 편집인이다. 더 나아가 영상 편집의 본질은 관객 또는 시청자의 이해에서 비롯한다."라고 편집의 정의를 언급했다.

이렇게 본다면 영상 편집이란 기획을 잘하고, 제작 스텝을 잘 꾸려서 영상 콘텐츠를 만드는 일이다. 여기에 좋은 영상 편집의 답이 있는 것이다. 영상 편집이 영상 제작 3단계 중 마지막 단계에 있다고만 알고 있는 제작자는 지금부터라도 생각을 바꿔야 하지 않을까?

* 스가쓰케 마사노부, 출판 항해, 2022. 12. 12

영상 제작 3단계

프리 프로덕션(PRE-PRODUCTION)

자금 조달에서부터 기획, 제작 스텝 구성까지 프로젝트 전체의 기반을 마련하는 데 필요한 모든 것을 포괄. 프리 프로덕션의 목표는 본격적인 제작에 앞서 가능한 한 많은 문제를 해결하여 프로젝트를 원활하게 진행하고 정해진 예산에서 크게 벗어나지 않게 하는 것.

프로덕션(PRODUCTION)

계획을 실행에 옮기는 '본 촬영'이라고도 하는 프로덕션 단계는 현장에서 푸티지(footage, 편집 전의 필름)를 촬영하는 것. 최종 영상물에 필요한 B롤, 음성 또는 다른 사운드 효과도 이 단계에서 기록.

포스트 프로덕션(POST-PRODUCTION)

촬영 후 이뤄지는 편집 과정으로, 이 단계에서는 Raw 푸티지(footage)를 구성, 연결 및 배열하고 전문가팀을 꾸려 고품질 영상을 완성. 색상 교정과 색상 그레이딩 작업, 오디오 믹싱 및 편집 등.

이 책을 읽는 독자는 영상 편집을 조금 더 빨리 잘하고 싶어 구체적인 방법으로 실전에 적용하고 싶은 마음이 클 것이다. 하지만 영상 편집은 그저 자르고 붙이는 것처럼 단순하지 않다. 영상 편집을 잘하는 방법에는 여러 요소와 기술이 있다. 지금부터 소개하는 필자의 '영상 편집 마스터 되기 비법 7가지'는 지난 10여 년 동안 한국영상대학교 영상 편집제작과 온오프라인 수업에서 강의했던 내용이 중심을 이루고 있다. 따라서 대부분의 내용이 본교 영상 전공자가 아니면 접할 수 없는 알차고 유용한 내용이다. 일반인에게는 최초로 공개하며 영상 편집에 관한 내용 중에 편집 기초 지식뿐만 아니라 핵심 내용을 모아서 7가지로 간추렸다.

"영상을 편집의 예술이다"라는 말이 있듯이 편집할 때 어떻게 편집하느냐에 따라 완전히 새로운 스토리가 탄생될 수 있다는 믿음을 가지고 읽었으면 한다.

나만의 영상 편집
정의 만들기

"영상 편집은 제2의 연출이다."

_ 월터 머치(Walter Murch)

"영상 편집 감독은 연출 감독이 어떠한 생각을 하는지 잘 파악하고 있어야 하며 때로는 관객의 입장에서, 제작자의 입장에서 가장 효율적으로 장면을 삭제하고 붙이고, 때로는 시간 배열을 바꾸어야 한다. 다시 말하면 영상 편집은 제2의 연출이라고 볼 수 있다."[*]

영상 편집의 정의를 나만의 언어로 만들어라. 지금까지 나온 영상 제작 관련 책에 나온 정의는 너무 기술적인 의미에서의 내용이 대부분인 것 같다. 매년 가을이 되면 내가 몸담은 대학에서는 수시 면접이 진행된다.

본교 수시 면접을 진행하는 모습

* 『In the blink of an eye』월터 머치, 예니출판사, 2002

그때마다 영상 편집 정의에 관해 물어보면 학생들은 대부분 이렇게 대답한다. '자르고 붙이는 것' 아니면 '영상을 화려하게 만드는 것'. 이런 답변을 한 학생 대부분 영상 편집을 할 때 도구만 잘 사용하면 편집을 잘할 거로 착각하는 경우가 많다. 연장의 기능을 잘 안다고 연장을 잘 쓴다는 보장이 없듯이 수많은 영상 편집 도구의 기능을 알아도 좋은 영상 편집을 하는 것은 다른 차원이다.

그렇다면 영상 편집의 올바른 정의는 무엇인가? 나도 오랫동안 설득력 있고 공감되는 괜찮은 정의를 찾으려고 노력해 왔지만, 수학처럼 딱 떨어지는 정답은 없다. '정말로' 정답이 없기 때문이다. 영상이란 보는 사람마다 느끼는 감정이 다르고 평가도 제각각이다. 그렇지만 영상 편집자가 편집할 때는 나만의 편집의 정의가 꼭 필요하고, 그 정의가 담고 있는 의미에 부합하는 편집을 해야 한다.

나만의 영상 편집 정의 1 : 비디오로 의사소통을 하는 것, 이야기하는 것(Storytelling)이다.

나의 첫 번째 영상 편집의 정의는 '스토리텔링(Storytelling)' 하는 것이다. 다르게 말하면 시간과 공간을 넘나들 수 있는 마법을 부리는 것이다. 현재의 이야기로 내용을 편집하다가 과거로 갈 수 있고, 다시 미래로 갔다가 현재로 돌아올 수 있도록 타임워프가 가능한 것이 편집이다.

가장 시간과 공간의 편집 정의를 잘 표현한 작품을 한 편 꼽으라면 크리스토퍼 놀란 감독의 〈인셉션〉이다. 이 영화는 타인의 생각을 훔치기 위해 꿈속에서 벌어지는 거대한 전쟁을 그린 작품이다. 특히 꿈의 세계를 매우 사실적으로 표현해 현실 그 자체로 묘사한다. 이것을 가능하게 하는 것이 편집의 기술이고 스토리텔링이라고 생각한다. 인간이 존재하는 한 스토리는 계속해서 생산되고 말로, 글로, 영상 등의 미디어 콘텐츠로 전해질 것이다. 더불어 이야기가 만들어지는 토대가 바로 '시간과 공간을 인지하는 것'이다.

〈인셉션(inception)〉(2010)

시놉시스

국제적 수배자로 쫓기고 있는 특수 요원 '코브'는 타인의 꿈에 잠입하여 생각을 훔치는 일을 하며 숨어 산다. 그의 새로운 의뢰인 '사이토'는 생각을 훔치는 것이 아닌 생각을 주입하는 인셉션 작전을 의뢰하며 코브가 방랑 생활을 벗어나 다시 가족을 만날 수 있게 신분 세탁을 해주겠다는 거부할 수 없는 제안을 한다. 코브는 최강의 팀을 구성하여 지금껏 단 한 번도 성공해본 적 없는 인셉션 작전을 실행한다.

시공간의 편집 정의를 잘 표현한 작품

나만의 영상 편집 정의 2 : 프레임(Frame)의 예술이다.

두 번째 정의는 프레임(Frame)의 예술이라고 생각한다. 국내 유명한 장편영화 감독이 TV 인터뷰에서 한 말을 인용해 본다. "영화 한 편의 처음 한 프레임은 다른 작품의 한 프레임과 비교했을 때 크게 차이 나지 않는다. 그러나 2번째, 3번째 점점 프레임이 계속해서 더 해지면 어느 순간부터는 영상의 품질이 차이가 나기 시작한다." 이 인터뷰를 보고 나와 같은 생각을 가진 감독이 있다는 사실에 황홀했다.

영상 편집본은 프레임(Frame), 컷(Cut)=샷(Shot), 씬(Scene), 시퀀스(Sequence)로 이루어져 있다.

프레임(Frame) : 한 음절
컷(Cut)=샷(Shot) : 한 단어
씬(Scene) : 한 문장
시퀀스(Sequence) : 한 단락

이렇게 만들어진 마스터 영상의 품질은 한 프레임을 어떻게 만들어 내고, 컷과 컷 사이에 프레임 단위로 다듬기(트림)를 하면서 영상의 느낌을 절묘하게 바꿀 수 있는 것이다. 마치 글쓰기를 완성하고 난 다음 고쳐 쓰기를 수십 번 수백 번 하는 것과 같다. 그러고 나면 읽을 만한 글이 완성되듯 영상 편집도 같은 맥락이다.

정리하면, 영상 편집이란 시간과 공간의 마법을 부리는 것이자, 멀티프레임의 예술이고, 사람의 감정을 움직이는 것이다.

도구의 태생과 본성 이해하기

"영화 제작에서 가장 중요한 분야에 속하는 편집, 그 중요성에 비해 업계 종사자는 그 핵심적인 가치를 잘 알지만, 바깥 세상에서 편집은 무슨 거울과 연기로 부리는 마술인 양 신비하며 미지의 영역으로 남아 있다."

_ 책 『월터 머치(Walter Murch)와의 대화』 중에서

영상 편집 도구는 소프트웨어 개발 회사마다 각각의 역사가 있다. 2023년 현재 영상 편집자 각자가 집이든 사무실이든 매일 사용하는 도구가 어떤 과정을 거쳐 본인이 사용하게 되었는지를 한 번 들여다보자.

전 세계 대표 3대 영상 편집 도구 중 하나 또는 그 이상을 본인이 선택했거나, 회사가 선택해 그 도구로 편집하고 있을 것이다. 또한 앞으로도 계속해서 사용할 것이다. 경험으로 미루어볼 때, 오늘날 디지털 영상 편집 도구를 사용하는 편집자는 이 소프트웨어가 어떻게 업그레이드, 업데이트됐는지 궁금하지 않을 것이다. 왜냐하면 영상 편집을 하는데 그런 디테일한 정보는 "too much info"로 여겨질 것이며, 필요

* 마이클 온다치, 비즈앤비즈, 2013

한 기능이 있기만 하면 어떤 도구든 상관없기 때문이다.

최신 영상 편집 도구 대부분이 최고의 수준의 품질이다. 그러니 한 번 도구를 선택할 때 나에게 잘 맞는 도구를 선택해야 나중에 갈아타지 않는다. 그러면 어떤 기준에서 나에게 가장 적합한 편집 도구를 선택하는 것이 맞을까? 나에게 딱 맞는 도구를 선택하기가 결코 쉬운 문제는 아니다. 왜냐하면 현재 존재하는 전문 영상 편집 소프트웨어는 세계 최고 수준 NLE(Non-Linear Editing) 도구이다. 지금부터 필자의 지난 20여 년의 도구 사용 경험담을 살펴보고, 여러분이 어떤 도구를 선택해야 할지 잘 판단하길 바란다.

내가 처음 경험한 영상 편집 도구는 1990년도 후반에 출시된 애플사의 '파이널 컷 프로(Final Cut Pro 1.0)'였다. 20대 후반에 미국 유학을 결심했고 미시간주립대학교(Michigan State University) 통신공학부(Telecommunication)에 편입하면서 처음으로 영상전공 교과목을 배울 수 있었다. 그중 영상 제작(Video Production) 실습과목에서 편집 도구로 파이널 컷 프로를 사용해 1분짜리 홍보영상을 만들 기회가 있었다. 컷 편집을 마치고 시작과 엔딩 부분에 1초짜리 크로스 디졸브(Cross Dissolve, 두 장면이 서로 교차하면서 전 화면이 사라지고 후 화면이 뚜렷하게 나타나는 화면 전환 기법) 효과를 넣고 렌더링(Rendering)이 끝나기를 약 5~10분 기다린 기억이 있다.

지금 10대, 20대는 실화냐며 상상이 안 되는 이야기일 것이다. 하지만 우리 세대 영상 편집자들은 심지어 렌더링이 끝나고 모니터링을 할 때 너무나 신기하고 흥분했던 기억이 있다. 또한, 이미 한국에서 아날로그 편집에 익숙해 있었던 터라 디지털 편집이 얼마나 편집 기능에서 혁신적인지를 몸소 느꼈다. 이때까지만 해도 효과를 넣을 수 있는 것이 편집에 도움이 되었고 영상 품질 차이에도 영향을 미쳤다. 이런 경향은 아직도 영상을 처음 접하는 세대에서 프로 레벨까지 나타나는 것 같다.

도구를 잘 다루는 것이 영상 편집을 잘할 거라는 지배적인 생각, 그다음 영상에 대한 이론적 지식, 이 두 가지의 조건을 두고 어느 쪽이 더 중요하다는 논쟁이 꽤 오랫동안 프로 집단에서도 있었다.

나의 경험으로는 2010년도 초반부터 그 논쟁은 끝이 났다고 본다. 현재 존재하는 편집 도구들이 너무나 우수하고 각 제조사의 품질 차이가 거의 없다. 이 말에 집중해야 한다. 기능의 차이가 없다면 결국 이 도구를 어떤 상황에서, 어떻게 써야 하며 각 제조사가 경쟁사의 제품에 없는 것을 기존의 기능으로 어떻게 업그레이드, 업데이트가 되어 왔는지를 잘 살펴봐야 할 것이다.

**영상 편집 도구를 선택할 때 가장 우선해야 할 부분은
제조사가 소프트웨어의 업그레이드 및 업데이트를
몇 년 단위로 몇 번 했는지를 살펴봐야 한다.**

✸ 2000년대까지 영상 편집 시장을 장악했던 아비드(Avid)

1998년 당시에 전 세계 영상 편집 시장, 특히 영화 편집을 주도하고 있었던 것은 현재 블랙매직사에서 제공하는 아비드가 유일무이한 영상 후반 작업 프로 도구다. 이것은 내가 두 번째로 사용한 영상 편집 도구이고, 아비드로 4학년 졸업 작품전 때 뮤직비디오를 만들었다. 2004년에 한국으로 돌아올 때까지 대학원 수업에서 파이널 컷 프로와 아비드를 동시에 사용했다.

아비드는 당시에는 최고가 도구로 영화 편집, 방송 콘텐츠 편집, 프로덕션에서 대부분 사용했고, 영상 전문 도구로 확고히 자리 잡고 있었다. 당시 아비드 편집 시스템을 구축하려면 워낙 큰 비용이 들어서 전문 교육기관 또는 영화 제작사가 아니면

일반인이 접근하기 어려웠다. 영상전공 관련 학과 학생들은 아비드 소프트웨어는 구해 쓸 수 있었으나, 제대로 된 컴퓨터 성능을 장착한 시스템(CPU, GPU) 없이 편집 정도만 할 수 있었다. 지금 생각해 보면 아비드는 프로를 위한 도구 그 이상 이하도 아니었다.

그만큼 당시는 영상 제작에 일반인의 접근이 불가능했고 지금처럼 1인 미디어 시대가 자리 잡기 전이라 일반인을 위한 편집 도구가 드물었다. 따라서 지금 여러분이 사용하고 있는 편집 도구의 기능 대부분은, 아비드에서 시작되었다고 해도 과언이 아니며 여전히 아비드 편집 도구에만 존재하는 기능도 있다. 바꾸어 말하면 '파이널 컷 프로'나 '프리미어 프로'에 비해 도구의 특성으로 보면 꽤 상당 기간 최고의 자리를 누렸던 자부심도 있고, 보수적인 부분도 있다고 개인적으로 생각한다.

우리 대학 영상계열 학생 중 현재 아비드를 메인 편집 도구로 쓰는 비율은 상위 3개의 편집 도구 중 약 10프로 내외일 것이다(프리미어 프로 약 60프로, 파이널 컷 약 20프로). 또 다른 이유는 아비드 제조사가 2000년대에 영상 편집 시장 판도가 이렇게까지 빠르게 바뀔지 예측하지 못했던 것 같다. 바로 영상 소비자들의 니즈를 제대로 파악하지 못했고 결국 대중화에 실패한 것이다.

✸ 프로 편집 시장 최강자 애플(Apple)

유일하게 영상 제작 시장, 특히 편집 분야의 미래를 예측한 회사는 애플사밖에 없었다. 영상 편집 소프트웨어의 가격을 획기적으로 낮추고 아비드 소프트웨어의 좋은 기능 및 장점들을 잘 벤치마킹해서 개발된 파이널 컷 프로는 일반인, 영상전공자, 프로 편집자도 쉽게 접근이 가능하도록 했다. 그렇게 몇 년 동안 업그레이드와

업데이트를 거쳐 파이널 컷 프로 7 버전 때 최고의 전성기를 누렸다. 심지어 2023년 현재도 프로덕션에서 활용하고 있다.

2004년 하반기에 방송국에 들어가게 되면서 메인 편집 시스템이 파이널 컷으로 구축되어 있어 자연스럽게 파이널 컷 프로와의 인연은 계속되었다. 애플은 지속적으로 업데이트 버전을 출시하며 영상 편집 시장 왕좌의 자리를 차지하기 시작했다. 2011년 6월 파이널 컷 프로 10이 출시 되기 전까지 파이널 컷 프로 7 버전은 승승장구했고 더 이상 좋은 도구가 필요 없을 것만 같았다.

하지만 애플은 역시 애플이었다. 애플사는 디지털 영상 편집 도구는 확실히 이러해야 한다는 확고한 계획이 있었던 것 같다. 몇 가지 증거를 제시해 보겠다.

첫 번째로 파이널 컷 프로로 소스를 불러올 때 '임포터(import)'라는 단어 하나로 명쾌하게 통합했다. 이전까지는 인제스트(Ingest), 캡쳐(Capture), 임포터(Import)를 혼용해 쓰고 있었는데 디지털 시대에 맞는 용어 임포터 하나로 확정했다. 독자 여러분들도 각자의 용어 정의를 찾아보면 왜 임포터가 가장 적절한지 알 수 있을 것이다.

두 번째로 시퀀스(타임라인)의 정의다. 파이널 컷에서는 편집을 하는 곳을 프로젝트라고 명명했다. 타사 제품에서 사용하고 있는 레이어 개념을 혁신적으로 바꾸고 일차적으로 컷이 편집되는 곳을 프라이머리 스토리라인(Primary Storyline)이라 명명하면서 왜 이름이 타당한지에 대해 편집자를 설득하고 이해시키려고 했다.

영상 편집은 단순히 컷을 자르고 붙이는 행위를 하는 것 자체가 아닌 그 행위를 통해 나오는 결과물이 잘 정돈된 이야기여야 한다는 개념이란 것을 이해해야 한다. 그래서 핵심 이야기 선인 프라이머리 스토리라인이라 붙였고, 여기에는 이야기 중심 편집이 되어야 한다고 강조한다. 위 두 가지 개념 정의만 봐도 애플사의 영상 편집 도구에 대한 철학과 애정이 남다름을 알 수 있다. 잠깐! 여기서 필자는 애플 예찬론자도 아니며, 특정 도구를 홍보하려는 목적은 더더욱 아님을 밝힌다. 단지 편집 도구마다 개발 회사의 역사와 철학이 있고, 그 이유를 알고 사용한다면 활용하는 데 여러 가지로 장점이 있지 않을까 생각한다. 이렇게 양강 구도였던(파이널 컷, 아비드) 영상 편집 소프트웨어 시장에 어도비사 프리미어 프로가 2000년대 초부터 스멀스멀 경쟁에 뛰어들기 시작했다.

✸ 떠오르는 신흥 편집 강자 어도비(Adobe)

어도비사 영상 편집 도구인 '프리미어 프로'는 지금 국내에서 가장 대중적인 편집 프로 도구다. 원래 어도비사의 대표 소프트웨어는 영상 그래픽 디자인 분야의 독보적인 도구인 포토샵이었고 프리미어 프로 도구는 동영상 제작이 본격적으로 대중화를 맞는 2000년도 중반부터인 것 같다.

프리미어 프로라는 이름은 2003년에 도입되었으며 이후의 모든 버전에 사용되었다. 역사에서 알 수 있듯이 프리미어에서 프로라는 단어가 붙는 데까지는 10여 년이 걸렸다. 1991년 처음 나왔을 때는 맥 기반 환경에서만 쓸 수 있는 도구여서 거의 프로 영상 편집자들은 활용하지 않았고, 2000년도 초중반이 지나 윈도우/맥 호환이 되고 나서야 대중에게 알려지기 시작했다. 2023년 현재 프리미어 프로는 타 경쟁 제품과 어깨를 나란히 할 정도로 품질이 매우 우수하며 한국에서 사용자 측면에서는 현재 1위를 차지하고 있다.

프리미어 프로는 그래픽 전문 소프트 제작사에서 만들어진 터라 다른 두 프로 영상 편집 도구에 비해 독창적인 뭔가가 있지는 않은 것 같다. 특히 프리미어 프로 CC

버전이 출시 되면서 프로 영상 편집 도구로 자리매김하게 되었고 이전까지는 파이널 컷 프로 7버전을 상당히 많이 벤치 마킹을 한 편집 도구로 썩 좋은 평가를 받지 못했다. 하지만 최고의 제품은 소비자가 결정하는 시대이기 때문에 타 경쟁 제품에 비해 접근이 용이하고 대중화를 위한 어도비사의 노력 덕분에 많은 영상 편집자가 처음 만나는 프로 영상 편집 도구가 프리미어 프로인 게 사실이다.

나는 이미 지난 20여 년 동안 현존하는 모든 영상 편집 도구를 오랫동안 교육 현장에서 사용해 봤고 대학에서 3가지 대표 영상 편집 도구 기능 및 사용법을 수업에서 활용하고 있다. 학생들에게 도구를 가르칠 때마다 하는 이야기가 있다.

"도구는 중요하지 않아. 이미 지구상에 존재하는 모든 영상 편집 도구의 성능은 매우 우수해. 그러므로 도구에 있는 수많은 기능을 상황에 맞게 잘 활용, 적용하는 것이 더 중요하지."

영상 편집에는 스토리를 잘 만드는 것이 중요하다고 강조한다. 스토리를 잘 만들기 위해서는 첫 번째 본인이 잘 배울 수 있는 도구를 선택해야 하고, 두 번째 도구가 어떻게 업그레이드가 되었는지에 대한 역사를 알면 어떤 도구를 나의 메인 편집 도구로 사용할지 결정하기가 쉬울 것이다.

일단 한 번 선택하면 바꾸지 않는 편이 좋다는 게 필자의 생각이다. 도구에 익숙하고 능숙해지려면 어느 정도의 시간을 써야 하고 익숙해질수록 편집 속도가 빨라질 수 있고 효율적으로 할 수 있다. 단 스토리가 향상된다는 보장은 없다. 꼭 기억하기를 바란다.

'영상 편집 도구'에 대한 박 교수 생각

> "영상 편집 도구의 태생과 본성을 이해하고
> 본인의 특성에 맞는 도구로 집중적으로 파고들어라!"

영상 편집 도구로 여러분은 영상 콘텐츠를 만들 수 있다. 중요한 것은 스토리텔링을 잘하는 것이지, 어떤 도구를 만들었는지가 아니다. 또한 도구의 차이가 스토리의 변화에 영향을 미치지 않는다. 그러므로 편집자가 선택한 소프트웨어로 컷을 편집할 때 핵심은 '고객의 니즈에 맞는 스토리를 만드는 것'에 편집의 목적을 두어야 한다.

즉 고객이 원하는 스토리를 만들어야 한다. 이런 경험이 계속해서 쌓이면 쌓일수록, 도구를 사용하면 할수록 결국 좋은 영상, 좋은 결과를 낳을 수 있을 것이다.

30%
도구

70% 이론

· 어떤 도구든 상관 없다.

· 도구는 공인 과정을 통해 배워야 한다.

· 도구에 대한 숙련의 중요도 비중이 영상 제작 이론보다 낮아야 한다.

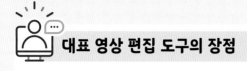

대표 영상 편집 도구의 장점

❀ **애플의 파이널 컷 프로 X**(FINAL CUT PRO X)

1. 마그네틱 타임라인, 인스펙터 창, 이펙트 창을 사용하는 데 있어 직관적인 인터페이스 디자인이라 초보자들도 쉽게 바로 동영상 편집을 할 수 있다.

2. 프로그램이 가벼워서 비교적 오류 발생 빈도가 적은 편이다. 애플의 장점은 자체적으로 하드웨어와 소프트웨어를 만들기 때문에 프로그램에 최적화가 잘 되어 있어 렌더링 속도도 비교적 짧다.

3. 프로그램 한 번 구매로 반영구적으로 사용 가능하다.

4. 어떤 애플 컴퓨터에서도 사용 가능하다.

5. 파이널 컷 7에 장점을 완전히 보완했고 특히 멀티 캠 편집, 색 보정 기능이 우수하다.

6. GPUs (Graphics Processing Units) 성능이 우수해 UHD 소스 영상 작업에 용이하다.

7. 단편영화, 다큐멘터리 작업에 최적화되어 있다.

8. 기업이나 교육 현장에서 많이 사용한다.

9. 자체 개발한 Prores 편집 코덱(매개 코덱)이 있다.

❀ **블랙매직의 아비드 미디어 컴포저**(AVID MEDIA COMPOSER)

1. 장편 또는 다수의 드라마 제작할 때 미디어 관리 부분에 편리하고 견고하다.

2. 편집 기능 중 트림 기능이 대표적 기능이며 특히 실시간 재생 중에 다듬기가 가능하다.

3. TV 프로그램 제작에 최적화되어 있다.

4. 자체 개발한 DNxHD 편집 코덱(매개 코덱)이 있다.

✳ 어도비의 프리미어 프로(PREMIERE PRO)

1. 효과를 적용하는 데 있어 매우 세밀하게 편집이 가능하다.

2. 동영상 강좌가 많아 시작할 때 쉽게 배울 수 있다.

3. 윈도우와 맥 OS 환경에서 모두 사용할 수 있어 확장성이 높다.

4. 인터페이스가 직관적이다.

5. 다른 어도비 프로그램들과 연동이 편하다.

6. 플러그인과 템플릿을 구하기 쉽다.

나의 롤모델 찾기

영상 편집을 잘하기 위해서는 닮고 싶은 우상이 꼭 필요하다. 나만의 롤모델이 있어야 동기 부여가 되어 앞으로 더 나아갈 수 있으며, 이를 통해 창의적인 영상 편집자로 성장할 수 있다. 롤모델은 우연히 여러분에게 나타날 수도 있고, 아니면 준비된 사람 앞에 보이기 시작하는 수도 있다. 최근 넷플릭스에서 영화 〈터미네이터〉로 잘 알려진 배우 아놀드 슈왈제네거의 다큐멘터리 〈아놀드〉를 봤다. 아놀드는 그의 우상을 만나기를 간절히 바랐고, 미국 진출이라는 비전을 꿈꾸며 살았다. 그리고 예상치 못한 장소에서 우상을 만났다. 이것을 보고 '역시 뚜렷한 비전이 있어야 결국 내가 하고 싶은 분야에서 멋진 사람으로 성장할 수 있다'는 것을 확신하게 됐다.

영상 제작은 원래 도제식으로 교육이 이뤄졌으나, 현재는 동영상 콘텐츠가 도제식을 대신하고 있다. 따라서 잘 만들어진 작품을 모방하고 연습하면 그 과정에서 배운 것들이 여러분의 실력을 향상시킬 것이다. 마치 세계적인 클래식 피아니스트가 한 곡을 수천, 수만 번 반복 연습하여 완성도를 높이는 것과 같다. 예술(영상 제작)은 스포츠처럼 연습하면 세계적 수준이 된다. 손흥민이 바나나킥 하나를 완성하기 위해 수천, 수만 번 킥했듯이 말이다(단, 재능과 환경이 뒷받침 된다는 전제하에 말이다).

나의 이상형은 매우 다양하다. 그래서인지 다양한 장르의 영화를 좋아하고 담고 싶은 감독 또한 여러 명이다. 나의 이상형을 소개하기 전, 먼저 어떻게 나만의 이상형을 찾아야 하는지 알아보자.

✹ 나의 롤모델을 찾는 방법

◎ 롤모델 정하기

우상이 있으면 영상을 계속할 수 있는 동기 부여가 된다. 영상 편집을 할 때 힘든 경우가 꽤 많다. 그때마다 롤모델의 생애나 작품들을 통해 마음의 위로를 받을 수 있고 오랫동안 이 분야에 남을 수 있는 원동력이 된다.

◎ 대표작 여러 번 반복해서 보기

편집점을 찾는 방법은 수학 공식처럼 '정확히 이거다'라는 게 없다. 여러 가지 요소들이 복합적으로 맞물려서 인점(IN)과 아웃점(OUT) 위치를 정하게 되므로 자기가 좋아하는 감독의 작품들을 보며 컷과 컷이 연결되는 부분을 공부한다면 본인의 편집 실력이 차츰 향상되는 것을 경험하게 될 것이다.

◎ 명장면 찾기

명장면은 말 그대로 자신의 기억에 쏙 남는 씬이다. 편집을 하다 보면 어느 순간 막히는 경우가 있다. 그때 가장 먼저 떠오른 아이디어가 바로 여러분의 뇌에서 가장 빨리 떠오르는 기억일 것이다. 확률적으로 강한 인상을 준 기억이 먼저 떠오를 것이고 이런 장면들이 편집할 때 꽤 좋은 영향을 미친다.

⊙소재 및 스토리 전개 방식 이해하기

영화감독마다 각자 고유의 스토리 리듬이 있는 것 같다. 그래서인지 내가 좋아하는 3명의 감독의 스토리 전개 방식에 오랫동안 관심을 가지게 되었고, 각자의 장점을 잘 알고 있으며 이런 부분은 학생들을 교육할 때 좋은 샘플로 활용된다. 저마다 이상형에 대한 명확한 기준이 있을 것이다. 그 부분을 잘 활용하여 본인의 영상 편집 스타일을 만들 수 있도록 해야 할 것이다.

✹ 박 교수의 이상형(Best Director)

첫사랑: 뤼크 베송(Luc Besson)
그랑블루(Le Grand Bleu, The Big Blue, 1993)
레옹(The Professional, 1995)

찐사랑: 리들리 스콧(Ridley Scott)
블레이드 러너(blade runner, 1993)
글래디 에이터(gladiator, 2000)

짝사랑: 봉준호(Boon Joon-ho)
살인의 추억(Memories of murder, 2003)
기생충(Parasite, 2019)

[출처: 위키미디어 커먼즈]

① 오프닝과 엔딩의 최고 마스터, 뤼크 베송

나를 사로잡은 첫사랑 영화감독이자 이상형은 프랑스 출신의 뤼크 베송(Luc Besson)이었다. 이 감독을 처음 알게 된 작품은 한국에서 1993년 5월 15일 개봉된 〈그랑블루〉였다. 멋진 영상 편집자로 성장하기 위해서 뤼크 베송 감독으로

부터 얻어야 할 것은 창의적인 소재와 실행력이라고 생각한다. 1988년도 작품이고 영화 소재로 그 어디에서도 찾아볼 수 없는 특별하고 신선했다. 나도 1993년 당시 국내에서 개봉하는 웬만한 영화는 모두 섭렵하고 있었고 당시 유행했던 비디오 방에서 VHS 테이프로 거의 매일 신작 또는 해외 영화를 대여해서 봤다. 프리 다이빙이란 소재로 영화를 만들 생각을 했다니, 참으로 대단한 감독이라는 생각밖에 들지 않았다. 그때 영화 소재는 한계가 없고 어떤 형태로든 다양한 경험을 해야 할 필요가 있겠다는 걸 깨달았다.

〈그랑블루 Le Grand Bleu(The Big Blue)〉

시놉시스

그리스 작은 마을의 자크(장-마크 바)는 어린 시절 아버지를 잠수 사고로 잃고 바다와 돌고래를 가족으로 여기며 외롭게 성장한다. 그런 그에게 유일한 마을 친구인 엔조(장 르노)는 잠수 실력을 겨루는 경쟁 대상이자 단 한 명의 우정을 다지는 친구. 그렇게 자크는 유일한 안식처인 바다와 돌고래, 그리고 엔조와 성장해 간다.

또 한 편의 작품인 〈레옹〉은 1994년 개봉되어 당시 한국 관객에게 킬러 영화의 또 다른 세계관 즉, 악당도 이렇게 멋있는 주인공이 될 수 있다는 사고의 전환점이 되었다. 직업이 살인 청부 업자를 주인공으로 다룬 영화인 것도 특이했지만, 어린 소녀 마틸다와 주인공 레옹의 정신적인 사랑을 다룬 영화라 충격적이었다.

뤼크 베송은 프랑스 출신 감독이면서 미국 할리우드에서 활동해서인지, 소재와 플롯이 예술적이면서 대중적이다. 〈레옹〉을 봤을 때만 해도 한 마디로 영화 덕후로서 영화 보는데 미쳐 있을 때다. 어떤 날은 하루에 2, 3편을 영화관에서 관람했고 한 영화를 여러 번 반복해서 보는 일도 허다했다.

뤼크 베송 감독이 나의 롤모델이 된 계기는 〈레옹〉의 첫 장면 때문이었다. 킬러가

피 한 방울 흘리지 않고 상대방을 최극단의 공포를 줄 수 있게 연출한 시작 부분은 너무 신선한 충격이었다. 그리고 엔딩 장면에서 레옹이 총을 맞고 쓰러지는 연출은 온몸에 소름이 돋았고 '도대체 어디서, 어떻게 저런 생각을 해냈지?'라는 의문과 함께 말문이 막혔다. Oh my God! 그 자체다. 이 영화 이후로 나는 뤼크 베송 감독의 영화에 빠지게 됐다. 지금도 가끔 그의 작품을 다시 보면서 영상 편집 수업에 필요한 영감뿐만 아니라 오프닝의 중요성과 엔딩의 중요성을 잃지 않으려고 하고 있다.

② 찐사랑, 리들리 스콧

[출처: 위키미디어 커먼즈]

나의 찐사랑 영화감독은 영국 출신 리들리 스콧이다. 내가 스콧 감독의 작품을 처음 경험한 영화는 〈블레이드 러너〉다. 1982년 처음 개봉했으며 당시 비평과 흥행에서 실패했지만 이후 높은 평가를 받게 되어 "저주받은 걸작"이라는 별명을 가지게 되었다. 솔직히 이 영화를 처음 봤을 당시 이해가 잘 가지 않았고 공상과학 장르가 많지 않은 때라 생경한 작품으로 기억에 남은 작품이다. 하지만 리들리 스콧 감독만이 가진 색깔이 잘 드러난 작품이고 나에게는 신비스러운 존재였다. 이 작품 이후로 리들리 스콧 감독 작품이라면 꼭 챙겨 봤고 언젠가는 엄청난 작품이 나올 거라 예상했었다.

그의 초기 대표작은 〈블레이드 러너〉지만 나에게 최고의 영화는 〈글래디 에이터〉인데, 여기에는 특별한 인연이 있다. 내 인생 제2의 암흑기였던 미국 유학생 시절이었다. 고독하고 험난한 생활을 보내고 있던 어느 날, '감독명 리들리 스콧'이란 이름만 보고 미시건 주립대 근처 영화관으로 향해 관람했다.

주인공 막시무스가 군에서 장군으로 잘 활약하다가 모시던 왕이 살해당한 후에 갑자기 인생이 검투사로 곤두박질치는 그 과정이 내 유학생 인생과 오버랩(Overlap) 되면서 영화 보는 내내 몰입이 되었다. 영화가 끝나고 집에 돌아와서 계속 영화 생각밖에 나지 않았다. 20살 때 본 〈죽은 시인의 사회〉와는 또 다른 감정을 느끼게 되었고, 20대 이후로 내 심장을 다시 한번 뛰게 한 영화다.

영화를 내리기 전에 한 번 더 봤지만, 그 감동은 배가 됐다. 내 유학 생활에 새로운 불씨를 댕긴 영화인 만큼, 스콧 감독이 남성스럽고 남자들을 위한 영화를 잘 만드는 감독이라고 생각했다. 역시 잘 만든 영화는 오프닝이 인상적이다. 전쟁 장면의 새로운 장을 보여준 영화이자, 러셀 크로우를 세계 최고의 배우로 만든 작품이다. 이 책을 읽고 있는 독자 중 지금 지쳐있고 힘든 시기를 걷고 있다면 강력 추천한다.

③ 연결 몽타주 장인, 봉준호

[출처: 위키미디어 커먼즈]

마지막으로 내가 오랫동안 짝사랑한 자랑스러운 대한민국 대표 감독 중 한 명인 봉테일러, 봉준호다. 봉준호 감독을 처음 좋아하게 된 작품은 〈살인의 추억〉이다. 봉준호 감독의 두 번째 장편 영화로, 이춘재 연쇄살인 사건(개봉 당시 명칭은 화성 연쇄살인 사건)을 모티브로 한 실화극이다.

영화 보는 내내 긴장감이 넘쳤고, 극한의 공포와 스릴러물의 정수를 보여주는 작품이었다. 이 영화를 보기 전에는 봉준호 감독에 관한 관심이 없었는데, 영화 〈기생충〉이 대히트를 거두며 다시 〈살인의 추억〉을 보니 봉 감독의 색깔이 확실히 느껴지는 작품이라고 확신하게 되었다.

특히 봉준호 감독이 어느 인터뷰에서 이런 말을 했다. "나는 언제 사람이 공포를 느끼는지 잘 알고 있고 어떻게 공포를 느끼게 해야 하는지도 너무 잘 안다." 이 말에 소름이 돋았다. 〈살인의 추억〉에서 살인이 일어나는 장면은 상세하게 나오지 않는다. 그러나 살인 장면 전후로 이미 관객은 공포감에 절어있다. 역시 대단한 감독만이 이게 가능하다는 생각이 들었다.

봉준호 감독의 최고의 작품 〈기생충〉은 2019년 5월 30일에 개봉한 대한민국의 블랙 코미디 서스펜스 영화다. 봉준호의 일곱 번째 장편 영화로 2020년 제92회 아카데미 시상식에서 작품상, 국제영화상, 감독상, 각본상 총 4개의 상을 받는 쾌거를 이뤄낸 대한민국 최고의 영화 중 한 편이라고 생각한다.

영화 〈기생충〉에서 영상 편집 테크닉 부분에서 반드시 배워야 할 것이 바로 몽타주다. 러시아 영화감독 프도프킨(Vsevolod Pudovkin)의 몽타주 이론은 연결 몽타주로 귀결되는데 이는 말 그대로 '연결'에 의한 편집을 의미한다. 봉준호 감독이 〈기생충〉 1막 마지막 부분에 연출한 몽타주는 연결 몽타주의 극치를 보여준다. 가정부를 내쫓기 위한 플롯으로 연결 편집과 어우러진 클래식 음악이 한편의 또 다른 드라마 같았다. 이 몽타주 장면에서 나는 또 한 번 소름 돋는 경험을 했다.

〈기생충〉을 생각하면 개봉 당시 나에게는 큰 2가지 에피소드가 떠오른다. 첫 번째는 우즈베키스탄에서 교환 교수로 영상학과 학생들을 가르치고 있었고, 함께 근무하던 우즈베키스탄 교수들이 영화를 보고 와서 이런저런 질문을 했다. 그 정도로 현지 교수들도 영화에 대해 높이 평가한다는 사실에 정말 뿌듯했다.

두 번째로 전 세계적으로 〈기생충〉의 위상과 인기가 가파르게 올라가고 있는 상황에서 코로나19가 발발했다. 그러면서 아카데미 시상식 이후 제대로 꽃을 피워보지 못한 채 팬데믹에 의해 덮혀 버리는 형국이었다. 한편으로는 흥행 면에서 〈기생충〉은 너무나 안타까운 작품이라고 생각한다.

<기생충> 분석 ① 스튜디오바인더(Studiobinder)

　스토리텔링을 잘하기 위해서는 이야기 구조를 잘 짜야 하는데, 가장 오래되고 효과적인 방식이 바로 '3막 구조'다. 이 구조를 견고하게 잘 만드는 것이 결국에는 좋은 편집으로 이어진다.

　좋은 이야기 구조는 매 장면 관객이 기대하는 장면(또는 샷)을 적재적소에 던져 주는 것이다. 관객이 보고 싶어 하는, 듣고 싶어 하는 이야기를 한다는 것은 정말로 힘들고, 외롭고, 도전적인 일이라고 생각한다. 시청자 욕망 기대치에 잘 부응한 영화 중 하나인 <기생충>을 촘촘히 세분화한 양식이 있다. 이를 "3 Act Story Save the cat's beat sheet"라고 한다. 'Studiobinder'에서는 다음 이미지와 같은 구조로 <기생충>을 분석했다.

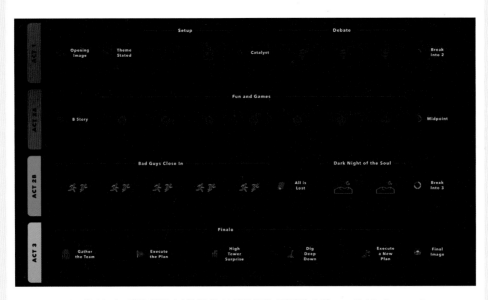

Studiobinder에서 영화 <기생충>을 분석한 구조 (이미지 출처: studiobinder.com)

　이 양식에 맞추어 <기생충>(Parasite Save the cat's beat sheet, 15 story beat in 159pages)을 분석해 봄으로써 영상 편집점을 어떻게 찍어야 할지, 즉 스토리텔링을 어떻게 매끄럽게 할 수 있을지를 모색해 보자.

영상(영화) 성공을 좌우하는 2가지 핵심 요소

친숙한 영화 장르에 대한 기대를 뛰어넘는 '스토리'
가장 중요한 요소인 '구조'

Opening image page 1 (오프닝 이미지) 관전 포인트: 반지하, 핸드메이드 옷걸이, 공짜 와이파이 찾는 장면	영화 시작은 관객이 처음 기우의 가족을 만나게 되고 생활 환경이 빈곤하다는 것을 알 수 있다.
Theme stated page 5 (주제 명시) 관전 포인트: 효율적인 박스 접기 유튜브 동영상 따라 하기 시청 장면	주인공 기우는 본인이 처한 가난을 벗어나, 신분 상승을 할 수 있다고 생각한다.
Set up page 2-12 (설정) 관전 포인트: 피자 박스 사장과 기우와의 대화 장면	주인공 기우의 첫 번째 계략은 그 만의 방식으로 더 낳은 일(인생)을 만들려고 한다.
Catalyst page 12 (기폭제) 관전 포인트: 구멍가게 앞에서 기우와 민의 술 마시면서 대화하는 장면	기우의 절친인 민이 하고 있는 부잣집 과외를 기우에게 제안한다.
Debate page 13-24 (토론) 관전 포인트: 민이 과외를 제안하고 기우가 과외선생 역할에 대해 본인의 생각을 말하는 장면	기우는 가짜 대학생 및 과외선생 역할을 할 수 있을지 의구심을 갖는다.

Break into Two page 25 (2막 진입) 관전 포인트: 거실에서 부잣집 사모님과의 대화 장면, 마당에서 다솜이 과외선생님 추천 장면	기우는 박 사장 집 과외선생님이 되고 그의 여동생 일자리 인터뷰까지 잡게 된다.
B story page 30 (B 스토리) 관전 포인트: 기사식당에서 기우 가족의 대화 장면	기택의 이전 경력의 실패를 만회하기 위한 도전이 시작될 것의 주제를 암시한다.
fun and games page 31-54(재미와 놀이) 관전 포인트: 부잣집 초인종 누르기 전 기우와 여동생 대화 장면, 기택과 사장님과 차 안에서의 대화 장면, 가정부 해고를 위한 기우 가족의 계획을 몽타주로 만든 장면	기존 가정부가 해고되고 정숙이 박 사장 가정부 자리를 차지한다.
midpoint page 55(중간점) 관전 포인트: 기우 가족이 부자처럼 여유롭게 정원과 거실에서 파티를 즐기는 장면, 한밤중에 갑자기 찾아온 전 가정부의 초인종 누르는 장면	기우 가족이 모두 박 사장 집에 취업이 되고 축하 파티를 열고 있는데 이전 가정부가 등장한다.
bad guys close in page 56-74(악당이 다가온다) 관전 포인트: 이전 가정부가 숨겨진 지하실 문을 여는 장면, 이전 가정부가 기우 가족의 비리를 알게 되는 장면	이전 가정부가 기우 가족의 비리를 알게 되고 협박하게 된다.
all is lost page 75 (절망의 순간) 관전 포인트: 다시 기우 가족이 이전 가정부와 남편을 지하실에 가두는 장면, 박 사장 가족이 갑작스럽게 집으로 돌아와 아내와 냄새에 관해 이야기하는 장면	기우 가족이 이전 가정부의 남편을 납치 감금하게 되고 문제들이 더 심각해진다.

dark night of the soul page 76-84 (영혼의 어두운 밤) 관전 포인트: 박 사장 집을 탈출해 물에 잠긴 반지하 집으로 돌아온 기우 가족 장면, 임시 보호소에서 기우와 기택의 대화 장면	홍수로 인해 기우의 집이 물에 잠겨 모든 것을 잃게 되고 기택의 희망도 사라진다.
break into three page 85 (3막 진입) 관전 포인트: 기우가 수석을 들고 지하실로 가는 장면	다솜이의 생일 파티에서 기우는 그에게 남겨진 모든 장애물을 제거할 계획을 한다.
finale(gather the team page 86, execute plan page 92, high tower surprise page 95, dig deep down page 101, execute a new plan page 106) (피날레) 관전 포인트: 기우가 이전 가정부 남편에게 역공을 당하는 장면, 야외 파티장에서 벌어지는 칼부림 장면, 기택이 지하실로 숨는 장면, 기우와 기택이 모스코드로 소통하는 장면	신분 상승 계획은 잘못됐다는 것이 증명된다.
final image page 110 (마지막 이미지) 관전 포인트: 기우가 어둡고 추운 반지하에서 아버지에게 핸드폰 문자 보내는 장면	기우의 신분 상승의 꿈과 아버지를 구하는 것은 해결되지 않은 채 남겨진다.

<기생충> 분석 ② 박 교수

다음은 필자의 방식으로 시나리오를 분석한 것이다. 앞선 분석 방식 혹은 필자의 분석 방식 2가지 중에 이해하기 쉬운 쪽으로 영화를 분석해 보는 습관을 지니면, 본인의 영상 스토리를 쓰는 데 큰 도움을 받을 것이다.

주제 설명	관객은 처음 몇 분 안에 김 씨 가족의 캐릭터에 대한 모든 것을 알게 된다. 그들의 생활 환경, 직업을 유지 할 수 없는 무능함, 인터넷 서비스를 받을 수 없는 가난한 상황을 극명하게 보여준다. 그들은 매우 궁핍하다.
사건의 발단	기우의 친구 민혁이 방문한다. 민혁은 기우에게 자기가 하고 있는 부잣집 10대 소녀 다혜를 가르치는 일을 대타로 제안한다.
플롯 포인트 1	기우는 박 사장의 부인에게 깊은 인상을 심어 줬고, 박 사장 아들의 미술치료사를 구하는 일을 기우 여동생에게 줄 기회를 엿본다.
플롯을 실행하기 위한 액션 시작	기우의 여동생 기정은 미술치료사 자격증을 사칭해 일자리를 얻는다. 그 후 그들은 기우 아버지 '기택'을 박 사장의 운전기사 자리에 앉히기 위해 계획을 짠다. 가사도우미 '문광'이 해고 되고 기우 어머니 '충숙'이 도우미 자리를 자치하도록 지상 최대의 음모가 꾸며진다. 그리고 그들은 성공을 거둔다.
중반부	박 사장 가족은 캠핑 여행을 떠나게 되고, 기우 가족은 박 사장의 대저택에서 그들만의 즐거운 시간을 보낸다. 그날 가사도우미였던 문광이 나타나 수년 동안 박 사장 대저택 비밀 반지하에서 그녀의 남편 '근세'가 살고 있다는 것을 폭로한다.
플롯 포인트 2	캠핑을 떠났던 박 사장 가족이 일찍 돌아온다는 소식에 기우 가족은 근세를 지하에 가두게 된다. 기우 가족과 문광 또한 지하에 감금해 입단속을 시키려 하지만 실수로 그녀를 죽이게 된다.
플롯의 빌드업	기우 가족은 비 내리는 어두운 밤을 틈타 탈출하게 된다. 집으로 돌아온 기우 가족은 반지하 집이 침수된 것을 발견한다.

절정	다음날 박 사장 부부는 아들의 생일 파티를 연다. 근세는 지하실에서 나와 기정을 공격해 죽인다. 기택은 박 사장처럼 부자가 될 수 없음을 깨닫고 박 사장을 살해한다.
마무리	박 사장을 죽이고 지하실로 도망친 아버지를 구하기 위해 기우는 언젠가 박 사장 집을 사게 되는 꿈을 꾼다. 그러나 영화는 미래에 대한 희망이 거의 없는 반지하 아파트. 이곳에서 다시 한번 기우의 모습을 보여주면서 이룰 수 없는 현실을 깨닫게 한다.

2가지 방법으로 영화 〈기생충〉 이야기 구조에 대해 알아보았다. "3 Act Story Save the cat's beat sheet"를 가지고 기생충 영화 구조를 분석해 보면 봉준호 감독은 그의 별명 봉테일러답게 짧게는 수십 년, 길게는 백 년 동안 이어져 오는 성공 공식을 철저하게 따라 했다는 생각이 든다. 그 공식의 가장 밑바닥에는 관객의 기대를 맞추려는 의도가 기가 막히게 숨겨져 있다. 영화 기생충과 같이 잘 만든 영화의 [1막 - 2막 - 3막]을 위 공식에 맞게 쪼개서 분석해 보면서 연출이 관객의 기대를 어떻게 맞추려고 노력하는지 찾아보는 훈련을 강력히 추천한다.

반면 나, 박 교수가 분석한 방식은 포커스가 플롯에 맞춰져 있다. 그냥 이야기는 재미없지만 플롯이 있으면 좀 더 이야기가 흥미로워진다. 이 점을 캐치하면 영상 보는 재미가 쏠쏠할 것이다. 플롯이 없는 스토리는 죽은 스토리다. 이점을 반드시 숙지하고 시나리오를 쓰고, 편집할 때는 플롯을 잘 살려서 이야기를 만들어 나가야 한다. 영화 〈기생충〉을 분석하면서 든 생각은 "내가 만족하는 영상보다 대중이 만족해야 한다"는 것을 또 한 번 절실히 느꼈다. 이 말을 스가쓰케 마사노부는 책 〈도쿄의 편집〉에서 아주 근사하게 표현한 부분이 있어 옮겨 본다. "편집이란 다중이 다중에게 보내는 표현." 〈기생충〉의 가장 큰 성공 요인 중 하나는 이 정의를 가장 잘 따른 것이라고 생각한다.

도구를 배울 때 누군가를 가르치거나
코칭하기 위해 배우기

영상 편집 도구를 처음 접하거나 사용할 때 보통 사용 목적이 기능에 초점이 맞춰진 경우가 많다. 특히 '나 혼자만' 알아야 하는 것이 목적인 경우가 대부분이다. 편집 도구를 사용하는 이유는 도구를 익혀서 재미있고 멋진 영상을 만드는 것이다. 편집 초보자는 보통 도구의 기능 혹은 기술적인 부분에만 집중하게 되는데, 이런 경우 시간이 흐를수록 편집 시간만 길어질 뿐, 기술뿐만 아니라 내용도 허술해질 확률이 높다. 그런 한계를 뛰어넘어 진정 도구와 내가 한 몸이 되도록 하려면, 도구를 습득하는 마음부터 능동적으로 바꿔야 한다.

새로운 편집 도구를 배우고 익힐 때 남을 위한 마음(향후 내가 전문가가 되어 초보자를 가르치겠다는 태도)으로 학습한다면, 도구를 이해하고 습득하는 데 훨씬 효율적일 것이다. 이런 경험이 지속되면 편집 도구 초보자, 소프트웨어 울렁증이 있는 여러분이 도구를 사용할 때 흔히 경험하는 낯선 기분이 빠르게 사라질 것이다.

본교 영상 편집제작과 학생들을 보면 지난 수업에서 배운 기능을 다음 수업에 거의 90프로 정도 잊은 상태로 온다. 이런 현상이 반복되면 결국 다음 학기에 다시 도구를 배워야 하는 악순환 현상이 일어난다. 이 연결고리를 끊기 위해서는 도구를 배울 때 대상을 설정하면 집중력도 좋아지고 적당히 알아서는 누군가를 가르칠 수 없다는 것을 깨닫게 될 것이다. 바꾸어 말하면 처음에 도구를 배울 때 누구에게(예: 영상 전공 학생이라면, 학과 후배를 대상으로 삼으라) 내가 배운 것을 가르친다고 마인드를 설정해두면 배우는 자세부터 달라질 것이다.

대부분 자기가 아는 기능을 친구한테 알려줄 때 "그거 눌러 그러면 돼" 정도로 끝난다. 단순한 기능은 이렇게 알려줘도 무리가 없다. 하지만 다음 날 똑같은 질문을 하게 될 확률이 매우 높다. 이보다 더 심각한 경우의 예를 보자. 영상 편집에서 핵심 기능 중 하나인 다듬기(Trim: ripple, roll, slip, slide)가 있는데 개념이 어렵고 매우 복잡하다. 이 기능을 친구에게 가르쳐 준다고 가정하면 가르쳐주는 사람이나 배우는 사람이나 재앙을 맞을 것이다. 각각의 다듬기 기능도 설명해야 하고 어떤 경우에 4가지 다듬기 기능 중에서 무엇을 선택해야 할지 상세히 알지 못하면 설명하기가 어려울 것이다.

이처럼 도구의 기능 하나를 익히는 데도 누군가에게 설명해야 한다면 '이 기능은 이렇게 된다'라고 기억하는 것으로 부족하다. 왜 이 기능이 존재하며, 언제 사용해야 하며, 어떻게 사용하면 효과적으로 적용할 수 있는지를 알아야 누군가에게 설명할 수 있다. 이렇게 새로운 도구에 대한 학습 방식을 시스템화하면 얼마 지나지 않아 프로의 단계로 가게 될 것이다. 즉 도구에 대한 자신감이 올라가고 이는 편집 능력 향상을 일으킨다.

도구를 처음 배울 때 누군가를 가르치겠다는 목적을 가지고 시작하라

또한, 이 책을 읽고 있는 여러분이 영상 전공 학생이라면 제작 수업 과제 마무리

속도가 일단 빨라지고 수업에 대한 흥미도 올라간다. 프로 편집자가 되기 위해서는 다듬기 기능을 적절하게 잘 사용해야 하는데, 여기서부터 프로로 갈 수 있고 없고의 갈림길에 서게 될 것이다. 결국 편집은 프레임의 예술이라는 말처럼 한 프레임을 어떻게 다듬느냐가 품질을 결정짓는다. 또한 본인이 실수로 찍은 편집점을 바로 잡는 기회이기도 하다. 다듬기 기능을 설명할 때 편집자를 헤어디자이너에 빗대어보자. 헤어디자이너는 머리카락을 자를 때 대충 자른다. 여기서 대충이 매우 중요하다. 영상으로 치면 시작점, 끝점과 같다. 이때 프로와 초보는 대충에서 차이가 많이 난다. 일단 컷을 하고 나면 다듬기를 해야 하는데, 초보는 다듬기를 너무 과하게 해야 하고 프로는 적절하게 한다. 이 차이는 결국 마무리 시간에서 차이가 나고 결국 고객의 만족도에 영향을 미친다.

프로 편집자가 되려면 다듬기 기능을 사용할 때
언제, 어디서, 어떻게, 왜를 알고 사용하라

언제 내가 마스터 단계에 있는지를 알 수 있는 가장 쉬운 방법은 누군가의 작품에 피드백(feedback)을 줄 수 있을 때다. 예를 들어 장르별 완성본 영상을 보면서 수정할 부분에 대해 적절하게 코칭 할 수 있어야 한다. TV 광고 편집 영상에 대해 피드백을 준다면 '기획의도가 무엇인지, 타깃 오디언스는 누구며, 메시지는 무엇인지'를 파악하고 분석할 수 있어야 한다.

그 부분에 대한 유용한 가이드를 제시해야 비로소 마스터 편집자의 반열에 오른 것을 깨닫게 될 것이다. 그리고 피드백을 편집자가 잘 흡수할 수 있어야 본인의 것으로 이해를 한 다음에 확연히 달라진 영상 편집 결과물을 만들어 낸다면 마스터의 길을 걷기 시작한 것이다.

영상 맛집 찾기

영화가 출시되면 흥행이 보장되는 작품이 있다. 2022년 말에 개봉한 〈아바타: 물의 길〉도 그중 하나다. 이런 영화는 이미 개봉 전부터 관객의 관심을 독차지한다. 영화 〈아바타〉 (흥행 보증 콘텐츠) 같은 작품과 같이 최근 수년 동안 TV 예능에서 가장 핫 한 흥행 보증 콘텐츠는 '먹방'이 아닐까 생각한다. 외식문화의 발달로 주말이나 연휴에 맛집을 찾아가서 즐거운 한 끼 식사를 하는 게 일상이 되었다. 우리가 맛집을 찾아 즐거운 한 끼를 먹으려는 심리처럼, 영화(영상) 팬도 좋은 영상 콘텐츠를 소비하기 위해 다양한 플랫폼을 찾는다. 이런 맥락에서 영상 편집 제작자가 만든 콘텐츠는 맛집 메뉴와 같아야 한다.

넷플릭스에 〈스시 장인: 지로의 꿈〉(2012)이라는 일본 초밥 계의 장인을 다룬 다큐멘터리를 보면 맛 평론가가 초밥의 맛은 단순함이라고 말한다. 그 단순함이 순수로 통한다고 했는데, 그 이유가 장인인 지로 씨가 만든 초밥이 일본 최고의 맛으로 평가받는다고 한다.

영상도 마찬가지인 것 같다. 영상을 제작할 때도 힘을 빼고 자신이 순수할 때 관객이나 시청자는 제작자와 연결되고 공감을 얻을 수 있게 된다. 공감을 얻게 되는 순간 연출자가 의도 한대로 관객은 조종당할 수밖에 없다.

"된장의 맛은 결국 콩이 최고의 맛을 결정하듯
영상의 품질도 바로 힘을 빼는(순수해지는) 순간 가능해진다."

음식이 맛있는지 없는지는 먹어봐야 알고, 같은 메뉴라도 여러 집에서 먹어봐야 비교할 수 있다. 그래야 어느 집이 더 맛있고 왜 맛있는지 알 수 있다. 이런 점을 영상 제작에 적용해 좋은 영상을 만드는 핵심은 '맛집을 찾는 과정'과 유사하다. 좋은 영상과 그렇지 않은 영상이 어떤 영상인지 알아야 판단할 수 있다. 그러므로 같은 장르의 영상을 많이 보고 더 나아가 다양한 장르의 영상을 보면 내가 추구하고 만들고 싶은 영상이 무엇인지 알게 된다.

예를 들어 본인이 멜로를 잘 만들고 싶다는 결정이 서면 그때부터는 멜로 맛집이 될 때까지 본인만의 레시피를 끊임없이 계발해야 한다. 같은 장면을 여러 번 반복해서 보면 처음에 보이지 않던 부분이 눈에 띄곤 한다. 이런 훈련을 계속하면 눈이 예리해지기 시작한다. 게다가 샷과 씬이 다르게 보이기 시작한다면 볼 때마다 기대한 것 이상의 좋은 느낌을 받을 수 있다.

코로나19와 함께 미디어 시장의 판도를 바꾸고 있는 플랫폼이 OTT이다. 국내 OTT 콘텐츠 중에 흥행 성공을 이룬 〈오징어 게임〉은 전 세계로 그 인기를 실감하게 되었다. 예전에는 상상도 못 할 파급효과가 아닌가. 내가 생각하는 영상 맛집은 현재로는 넷플릭스라고 생각한다. 가장 선도적으로 혁신적인 영상 콘텐츠 보급 기술력으로 전 세계 OTT 시장의 최강자다.

놀랍게도 필자는 넷플릭스에서 본 영상 콘텐츠가 인생을 살면서 봐왔던 것보다 많은 것 같다. 수없이 많은 영상 콘텐츠 중에서 좋은 영상, 내 입맛에 딱 맞는 영상을 찾기란 쉽지 않다. 그러려면 실패를 많이 해 봐야 한다. 그런 과정 중에서 어느 순간 덜컥 괜찮은 영상이 하나 걸린다. 그러면 넷플릭스는 그와 유사한 장르, 스토리, 즉 내 취향에 맞는 영상을 계속해서 푸시 알람처럼 제공한다.

"영상 편집을 잘하기 위해서는
내가 추구하는 장르의 영상을 집중적으로 소비해야 한다."

프랑스 코미디 영화 보기 :
잘 만든 영화에는 '와우 포인트'가 있다

▶━━●━━━━━➤

"영화를 만드는 과정에서 가장 문학과 비슷한 분야가 바로 필름 편집이라는 것이다."

- 마이클 온다치(Michael Ondaatje)

영화 시상식 중 가장 친근하고 잘 아는 국제영화제는 아카데미 시상식, 흔히 '오스카 시상식'이라고도 불리는 할리우드 영화제다. 어릴 때부터 국내 TV에서 처음 접했던 영화가 서부영화였고 그때부터 내가 보는 영화의 90% 이상이 미국 영화일 정도로 세계 최고의 영화도 미국 영화라고만 생각했다. 나뿐만 아니라 아마도 일반인 대부분은 비슷한 생각을 하리라고 생각된다.

그러나 지금부터 약 10년 전부터 프랑스 영화에 관심을 갖게 되었고 지난 수년 동안 OTT 서비스를 통해서 프랑스 영화의 접근이 매우 쉬워져 괜찮은 작품을 골라 보기 시작했다. 필자 나름대로 프랑스 코미디 영화를 정의한다면, 코미디 장르지만 인간의 내면을 잘 표현하고 심도 있게 다룬다는 생각이 든다. 대부분의 프랑스 영화가 그런 것은 아니지만, 내가 괜찮게 본 영화에는 그런 공통점이 있다.

전 세계인들이 프랑스를 지칭할 때 항상 따라붙는 머리말이 '예술(ART)'이다. 처음에는 이해가 되지 않았으나, 지금은 인간과 관계된 모든 것의 최상위 레벨에는 프랑스가 거의 아트를 달고 다니는 것 같다. 영화도 예외는 아니다.

다음으로 박 교수가 보석 같이 생각하는 프랑스 영화 리스트 여섯 편을 공개한다. 이 영화를 통해 각 작품의 장점을 잘 파악하고 여러분도 각자의 취향에 맞는 프랑스 영화 리스트를 만들어 보는 것도 좋을 것 같다.

좋은 영화는 관객의 기대를 충족시키면서 심지어 기대를 넘어선 창의적인 아이디어들이 빤짝빤짝 빛을 내 뿜는다. 여러분이 여섯 편의 영화에서 가장 괜찮은 장면을 리스트업하고, 씬을 분석할수록 좋은 편집점을 잡는 데 도움이 될 것이다. 더불어 잘 만든 프랑스 영화에는 '와우 포인트', 소위 입이 쩍 벌어지는 요소들이 있다. 이 관점에서 추천하는 다음 소개될 여섯 편의 최신 프랑스 코미디 영화가 탁월하다. 단, 지극히 개인적인 견해임을 참고하길 바란다.

박 교수가 추천하는 프랑스 영화 베스트 6

 하나

언터처블: 1%의 우정 (Untouchable, 2012)

최근에 본 프랑스 영화 중 가장 흥분됐던 영화다. 장애인과 비장애인이 우정을 쌓는 영화 내용인데 실제 사건을 바탕으로 만든 영화다. 이 영화에서 상위 1% 귀족남 필립과 하위 1% 무일푼인 드리스, 두 주인공의 우정을 상상 초월한 네 장면의 "와우 포인트"로 숨이 막힐 것 같은 느낌을 받을 것이다.

와우 포인트 ① (00:00~05:00)

인트로 장면은 압권이다. 몽타주로 시작되는 오프닝은 영화 2막 엔딩을 먼저 보여줌으로써 처음에 파악되지 않던 캐릭터들이, 오프닝 마지막 부분에서 두 캐릭터 소개와 함께 장면이 의미하는 메시지가 잘 전달된다.

와우 포인트 ② (01:10:00~01:13:00)

주인공 드리스의 댄싱 장면은 그의 자유분방하고 순수한 캐릭터를 극대화한다.

와우 포인트 ③ (01:22:00~01:24:30)

패러글라이딩 몽타주로 배경음악이 압도적이다. 미치도록 아름다운 장관이 눈앞에 펼쳐지는데 몽타주 씬 처음부터 입이 벌어지면서 '프랑스 영화의 진수'라는 생각밖에 들지 않는다.

와우 포인트 ④ (01:41:00~01:43:00)

오프닝과 엔딩이 잘 연결된 작품은 스토리 이해와 메시지 전달력이 매우 강하다.

롤링 투 유 (Rolling to You, 2018)

이 영화도 장애인과 비장애인의 이야기인데 우정 대신에 러브스토리를 다뤘다. 남자 주인공 조셀린은 모든 조건이 완벽해서 한 여자에 정착하지 못하고 자유로운 삶을 살아가던 중에 우연히 장애인 행세를 하게 되고 뜻밖의 소개팅에서 여자 주인공 플로렌스를 만난다. 장애인 행세를 하던 남자가 진짜 휠체어를 탄 여인을 만나게 되면서 진정한 사랑을 하게 되는 이야기다.

TOUT
LE MONDE
DEBOUT

와우 포인트 ① (19:30~22:40)

주인공의 여동생 줄리의 초대로 그녀의 부모님 집에 초대를 받아 식사 자리에서 처음 조셀린을 대면하게 되는데 휠체어를 타고 등장하는 그녀를 보는 순간 남자 주인공 조셀린과 관객을 동시에 혼란스럽게 한다.

와우 포인트 ② (00:45:00~00:47:00)

조셀린이 처음으로 플로렌스를 장애인이 아닌 여자로 보기 시작한다. 그녀의 연주하는 아름다운 모습이 여성적인 매력을 강하게 느끼게 한다.

와우 포인트 ③ (01:07:00~01:12:30)

조셀린 집에서 연출된 첫 데이트 장면이 이 영화의 Best of Best다. 이 씬에서도 그 누구도 상상하기 힘든 수중 러브씬이 연출된다. 빨간 드레스가 한 송이 아름다운 꽃처럼 묘사된 버드 아이 샷(Bird eye Shot)이 장면을 영어로 Jaw-Dropping(입을 떡 벌리게 만드는)을 하지 않을 수 없게 만든다.

와우 포인트 ④ (01:40:25~01:42:00)

조셀린이 마라톤 대회에서 달리는 엔딩 장면은 나를 울게 했다. 특히 이 장면은 영화의 메시지가 세련되게 표현된다. 영화 제목처럼 휠체어가 굴러가면서 쓰러진 남자 앞에 멈추는 클로즈업 샷으로 시작된다. 이어 결승선을 통과할 때 장애인이 비장애인을 도우며 마무리된다. 이는 생각의 전환, 편견이 무너지는 순간이다.

셋

컬러풀 웨딩즈 (Serial bad weddings, 2014)

캐릭터 설정 자체가 이미 재미를 예고한 코미디 장르라고 관객은 보기 시작하지만, 스토리가 전개되면서 그와 다른 각도에서 현재 프랑스인이 겪고 있는 인종 갈등, 성적 갈등을 위트있게 풀어낸 영화다. 다른 추천 영화와는 달리 와우 포인트가 약하긴 하지만, 딱 한 씬이 이 영화의 꽃이라고 생각한다. 바로 엔딩, 결혼식 장면이다. 내가 본 결혼식 장면 중에 가장 특별하지도 초라하지도 않지만 뭔가 가족들이 함께 축하해 주는 모습이 감동적인 결혼식 장면이 연출되었다고 생각한다.

와우 포인트 ① (00:00~02:20)

아랍인, 유대인, 중국인 세 신랑과 프랑스 신부의 결혼식 장면이 각 인종을 상징하는 색으로 잘 드러나며 앞으로의 결혼 생활을 기대하게 한다.

와우 포인트 ② (58:00~59:00)

곧 네 번째 사위가 될 흑인 캐릭터와 나머지 세 명의 사위의 만남은 현실에서는 보기 드문 장면이며 낯설게 느껴진다.

와우 포인트 ③ (33:00~35:00)

장인어른과 세 명의 사위가 라포가 형성되는 장면이다.

와우 포인트 ④ (01:30:00~01:34:00)

결혼식 엔딩 장면은 신부 입장 직전의 분위기를 아름답고, 성스러우며 화목하게 보이도록 연출됐다.

넷

플라이 미 투 더 문 (Fly me to the moon, 2012)

영화 〈플라이 미 투 더 문〉은 내가 프랑스 로맨틱 코미디 영화를 좋아하게 된 계기의 영화다. 이 영화는 사랑하는 남자와 행복한 결혼을 위해 반드시 누군가와 먼저 이혼해야 하는 여자의 좌충우돌 이혼기를 다룬 색다른 로맨틱 코미디다. 미국 캘리포니아에서 열린 '2013 뉴포트 비치 영화제'에서 작품상, 감독상, 여우주연상, 각본상이라는 4관왕의 위업을 달성했다. 평단의 호평을 한 몸에 받은 〈플라이 미 투 더 문〉은 작품성과 대중성 두 마리 토끼를 모두 놓치지 않은 영화로 더욱 눈길을 끈다. 또한, 영화의 시작과 끝의 연결이 너무나 감독적으로 연출되어 "프랑스 로맨틱 코미디가 이 정도의 품격(habitus)은 갖춰야 해!"라고 말하는 것 같다.

Un plan
parfai

와우 포인트 ① (33:00~39:00)

이사벨과 장이브가 케냐에 도착해 대자연의 아름다움을 처음 경험하는 장면으로, 세렝게티의 경이로운 모습에 압도당한다.

와우 포인트 ② (43:00~45:00)

케냐 전통 혼례식을 치르는 장면에서 신랑이 오두막으로 먼저 들어가고 신부가 이어서 들어가면 결혼이 성사되는데 이사벨이 이점을 이용해 번뜩이는 아이디어로 장이브를 오두막으로 유인하고 본인이 그토록 원하는 결혼을 하게 된다. 아프리카 전통음악이 배경으로 강렬하게 깔리면서 두 사람의 운명적인 결혼식 장면을 연출했다.

와우 포인트 ③ (01:18:00~01:21:00)

인생 영화 '와우 포인트' 중 최고로 꼽는 장면이다. 경험해보지 못한 것 중 하나로, 우주 중력을 꼭 경험해보고 싶단 생각이 들 만큼 스토리 전개에서 극적인 감동을 함께 주는 명장면이다.

와우 포인트 ④ (01:35:00~01:37:30)

영화 중간중간에 두 사람이 함께했던 추억의 장면이 러시아 전통춤과 아프리카 결혼식 때 흘렀던 음악이 중첩되면서 편집점의 중요성을 다시 한번 느끼게 하는 장면이다.

택시 (Taxi, 1998)

내가 손꼽은 최고의 프랑스 영화 중 하나인 〈택시〉는 몽타주를 의미 있게 만든 작품이다. 먼저 이 영화의 인트로 타이틀 시퀀스는 퀸튼 타란티노의 영화 〈펄프 픽션〉에 삽입된 사운드트랙(PUMP IT)을 사용했다. 이는 '스피드'에 관련된 스토리텔링을 세련되게 암시한다. 두 번째 몽타주는, 주인공 다니엘(새미 나세리)이 택시 운전사로 첫 속도를 자랑하는 장면이다. 이 장면에도 당연히 고정관념을 깬 상상의 세계가 펼쳐진다. 다음 몽타주 장면은 자동차 추격신이다. 2023년인 지금은 특수효과가 많은 부분을 쉽게 촬영하도록 하지만, 필름으로 촬영할 1998년 당시에는 엄청난 도전과 철저한 계획이 있어야 가능한 몽타주라고 생각한다.

와우 포인트 ① (00:00~02:00)

인트로 타이틀 시퀀스는 퀸튼 타란티노의 대표작에 삽입된 사운드트랙 중 스피드에 관련된 스토리텔링을 할 것을 암시한다.

와우 포인트 ② (03:40~05:00)

 피자 배달부의 오토바이 퍼레이드에서 젊은 세대의 시대적인 변화의 물결이 오고 있다는 것을 보여주며, 프랑스적 감각의 색깔로 보수와 진보의 갈등을 예고한다.

와우 포인트 ③ (01:15:00~01:21:00)

광란의 자동차 추격씬으로, 1998년도 작품이고 필름으로 촬영했기 때문에 지금 2023년도에서는 특수효과가 많은 부분을 쉽게 촬영할 수 있도록 했겠지만, 당시에는 엄청난 도전과 철저한 계획이 있어야 가능한 몽타주다.

와우 포인트 ④ (01:35:00~01:37:30)

엔딩 장면은 제라르 삐레 감독의 절제미 극치를 보여준다.

 **여섯**

세상의 기원 (Dear Mother, 2021)

프랑스 영화의 최근 트렌드를 볼 수 있는 영화로 가족 갈등, 특히 부부간의 갈등을 다룬 코미디 영화가 넷플릭스에 자주 등장한다. 그중에서 가장 독특한 접근 방식의 아이디어를 연출해 냈고 너무 어처구니없이 황당하고 재미있다. 보는 내내 어떻게 해결할까 하는 궁금증이 끊임없이 반복되고 엔딩을 보면 그야말로 드라마틱하다. 황당하면서 재미 넘치는 영화의 진수를 보게 될 것이다.

와우 포인트 ① (17:30~19:00)
주인공의 심장이 처음 정지한 상황을 연출한 장면으로, 묘한 분위기가 상황 설정에 재치를 더한다.

와우 포인트 ② (28:00~35:00)
외국 영화에서는 보기 드문 점성술에 가까운 장면을 연출해 앞으로 벌어질 일을 암시한다.

와우 포인트 ③ (01:10:00~01:17:00)
친구가 어머니의 은밀한 부분을 찍기 위해 최후의 수단을 쓰는 장면은 웃지 않고 볼 수 없는 코미디 연출이다.

와우 포인트 ④ (01:34:00~01:36:00)
영화 엔딩 부분 씬에서 가까스로 촬영된 어머니의 은밀한 부분의 사진이 공개되는 장면에서 결국 폴라로이드 사진의 이미지가 선명해지는 것은 시청자 각자의 상상력에 맡겨두는 감독의 연출력이 돋보인다.

"영상 편집을 잘하고 싶다면 파리로 가라.
또는 넷플릭스와 같은 OTT 플랫폼을 통해 프랑스 영화나 드라마를 많이 보라.
그러면 저절로 스토리텔링의 공식과 미학적 능력을 갖추는 데 큰 도움이 될 것이다."

나만의 색깔과
정체성이 드러나는 영상 만들기

필자는 영상 편집을 처음 배웠을 때 다른 감독의 작품처럼 편집해서 만들고 싶지 않았다. 내가 생각하는 대로 만들면 된다고 믿었으며, 현재 필자의 학생들도 대부분 같은 마음일 것이다. 하지만 남을 감동하게 할 만한 영상 편집자가 되기 위해서는 기본적인 공식이 있다. 사람이 영상을 만들며 보는 것이므로 인간을 이해하지 않고서는 불가능하다.

"인간을 끊임없이 이해하려고 노력하는 자가 진정한 영상 편집자다."

나의 인생 영화 중에서 특히 대학에서 강의를 시작하면서부터 지금까지 영상 편집 기초 수업 첫 시간에 항상 영화 〈죽은 시인의 사회〉로 시작한다. 영화 명장면 가운데 영문학 시간 시에 대한 수업 장면을 틀어주며 그 의미를 생각해 보는 시간을 가지게 한다.

We don't read and write poetry because it's cute. We read and write poetry because we are members of the human race. And the human race is filled with passion. And medicine, law, business, engineering, these are noble pursuits and necessary to sustain life. But poetry, beauty, romance, love, these are what we stay alive for.
To quote from Whitman, 'O me! O life!... of the questions of these recurring; of the endless trains of the faithless... of cities filled with the foolish; what good amid these, O me, O life?' Answer. That you are here — that life exists, and identity; that the powerful play goes on and you may contribute a verse. That the powerful play goes on and you may contribute a verse. What will your verse be?

월트 휘트먼의 시 '오, 나여! 오, 삶이여!' 영문 버전

시의 마지막 부분이 "What is your verse be?"로 끝나는데 이 장면에서 영상을 멈추고 학생들에게 질문을 던진다. "이 시가 말하고자 하는 바가 뭔지 알겠니?" 그러면 대부분의 학생이 침묵하거나, 고개를 떨구거나, 나와 눈을 마주치지 않으려고 한다. 이미 여러 해 동안 비슷한 경험을 한 나는 왜 이런지를 잘 알고 있다.

질문에 답하지 못하는 이유 중 영어가 이해가 안 되는 것이 제일 큰 이유다. 이때 나는 같은 시의 한글 버전을 화면에 띄우고 한 학생을 지목해 읽게 한다. 그 뒤 다시 질문하면 그때부터는 학생들이 자기만의 해석의 답변을 하기 시작한다.

시가 아름다워서 읽고 쓰는 것이 아니다.
인류의 일원이기 때문에 시를 읽고 쓰는 것이다.
인류는 열정으로 가득 차 있어.
의학, 법률, 경제, 기술 따위는 삶을 유지하는 데 필요해.
하지만 시와 미, 낭만 사랑은 삶의 목적인 거야.

휘트먼의 시를 인용하자면,

'오, 나여! 오, 생명이여! 수없이 던지는 이 의문!
믿음 없는 자들로 이어지는
바보들로 넘쳐흐르는 도시
아름다움을 어디에서 찾을까?

오, 나여, 오 생명이여!
대답은 한 가지, 네가 거기에 있다는 것
생명과 존재가 있다는 것.
화려한 연극이 계속되고,
네가 시 한 편에 기여할 수 있다는 것.'

여러분의 시는 어떤 것이 될까?

월터 휘트먼의 시 '오, 나여! 오, 삶이여!' 한글 버전

여러 명의 학생을 통해 꽤 들을 만한 생각과 내용들이 나오기 시작하고 점점 더 수업에 빨려 들어오는 느낌을 받기 시작할 때 내 생각을 던진다. 이 구절을 언급하고 다시 질문한다. "'medicine, law, business, engineering, these are noble pursuits and necessary to sustain life.' 여기에는 어떤 메시지가 담겨 있을까요?" 또 침묵이 흐른다. 당연히 예상했고 바로 이렇게 학생들에게 전한다. "의학, 법, 비지니스, 공학은 인생을 살아가는 데 필요할 뿐이니 우리 같은 영상인은 비유하자면

학교에서 배우는 영상 제작 도구는 필요할 뿐이지, 그 이상의 의미를 두는 것은 무의미합니다. 그러면 우리는 어디에다 목적을 두어야 할까요?"

질문과 함께 다시 한번 'poetry, beauty, romance, love, these are what we stay alive for.' 구절을 언급한다. 결국 우리 인생의 목적은 시를 쓰고, 아름다움을 느끼고, 사랑을 하는 것이 목적 이어야 한다. 영상인이 멋지고 좋은 영상을 만들기 위해서는 기술보다도 인생에 대한 앎을 추구해야 가능하다고 주장한다. 그리고 잠시 학생들의 반응을 살핀다. 이때 몇몇 학생의 눈동자가 조금 흔들리는 것을 목격하는 경우가 매번 있고 수년 동안 지속되었다. 아무리 시대가 급속도로 바뀌고 학생들의 수업 태도도 바뀌고 있다. 하지만 이 오프닝 수업에는 항상 내 기대를 저버리지 않는 것이 있다. 바로 나의 진정한 강의 태도가 학생들에게 고스란히 전해진다는 것이다.

마지막으로 "What will your verse be? 너의 시는 어떻게 쓸 것인가?" 이 부분을 "너의 영상은 어떻게 만들 것인가"로 바꾸어서 학생들에게 '나만의 색깔과 정체성이 드러나는 영상'을 만들어 보라고 학생들에게 주문한다. 바꾸어 말하면 박 교수가 만든 영상은 누가 봐도 박 교수가 만든 것이라는 말을 들을 수 있도록 말이다.

필자가 생각하는 나만의 영상을 만든 대표적인 인물이 바로 미셸 공드리Michel Gondry라고 생각한다. 그의 대표적 영상인 케미컬 브라더스Chemical Brothers를 틀어주며 학생들에게 질문한다. 이 영상을 보는 동안 좋다거나 잘 만들었다고 생각하는 사람 손들어 보라고 하면 1, 2명 정도 손을 든다. 이 영상은 100프로 처음 접하는 영상이고 극소수만 특이하다는 반응을 보인다. 나머지는 '영상이 좀 이상해요', '난해해요.', '어려워요.', '잘 모르겠어요.' 정도의 반응을 보인다.

그러면 필자는 이렇게 말한다. "나도 여러분과 다르지 않아요. 이런 영상을 만드는 사람은 단 한 명, 미셸 공드리밖에 없지." 그러면 학생들의 눈빛이 또 한 번 흔들리는 것을 목격한다. 이 정도 설명하면 내가 전달하려는 메시지는 어느 정도 성취했다고 생각하고 준비한 영상의 특정 부분에서 포즈한다.

〈죽은 시인의 사회〉에서 다시 볼 장면

-키팅 선생님이 월터 휘트먼의 시 낭송 장면(00:25:25 - 00:26:00)
-조연의 클로즈업 샷의 열정에 가득 찬 강렬한 눈빛에 주목(00:26:36)
-주인공의 클로즈업 샷의 불안한 표정의 의미(00:26:47)

"What will your verse be?"

이 명장면 명대사 씬에서 키팅 선생님의 질문이 끝나고 다음 컷으로 주인공 클로즈업 샷에서 멈춘다. 그러면 나는 여기서 또 한 방의 충격 요법을 쓴다.

"학생들에게 영문학 시간 시에 대한 수업 장면 영상을 보여주는 동안 학생들의 모습을 관찰했다."라고. 대부분의 학생을 이 주인공과 같은 모습을 하고 있었다고 하면서 키팅 선생님의 강의 장면을 다시 한번 보여준다. 조연 한 명이 선생님의 강의에 빠져든 모습의 샷에서 정지하고 학생들에게도 이 수업이 끝날 때까지 이 눈빛을 잊지 않고 유지해야 한다고 강조한다.

"오늘 여러분의 수업 시간에 보여준 모습이 첫 번째 이미지고, 이번 학기 중반부터는 두 번째 이미지처럼 되기를 바랍니다." 이 같은 말과 함께 수업을 마무리하면 박수 소리로 강의실을 가득 채운다.

편집은 사랑이다

2016년 봄학기 때 1학년 영상 편집 기초 수업에서 인생의 목적에 관한 이야기를 한 적이 있다. 현재 여러분이 이렇게 열심히 사는 이유는 짝을 찾기 위함이란 말은 학생들에게 정신적으로 충격을 줬다.

학생일 때는 학업을 열심히 하고, 직장인일 때는 일을 열심히 하고, 돈도 많이 벌고 싶어지는 이유는 결국 결혼을 위한 것 말고는 달리 이유가 없다. 짝을 찾고 나면 아이를 낳고 자식을 위해 살아간다. 이게 인간의 삶이라 말하고 수업을 마쳤다.

> **"인간이 결혼 전까지 충실히 사는 이유는**
> **각자의 짝을 찾기 위해서다."**

이후 얼마 지나지 않아 학과 MT를 갔다. 팀별 장기자랑 시간에서 한 팀이 나의 성대모사를 하면서 "편집은 뭐다? 편집은 사랑이다!"라고 외쳤다. 그 구호에 맞춰 객석에서 보고 있던 학과생 모두가 따라 했다. 학과 교수들도 함께 보면서 평가하는 중이라 얼굴이 화끈거렸다. 학과장 교수님도 따로 계셨고 나는 학과에 근무한 지 얼마 되지 않았기 때문에 당황스럽기도 했다.

그날 이후로 변변찮은 학과 구호가 없었던 터라 '편집은 사랑이다'가 학과 행사 때마다 사용됐다. 이 에피소드 이후 왜 편집은 사랑이라는 말이 영상 편집제작학과 학생들에게 편집의 정의로 자리 잡게 되었는지 곰곰이 생각해 보았다.

나의 결론은 간단했다. 학생들이 그렇게 생각하면 그 정의의 의미에 맞게 영상을 편집하게 될 것이다. 영상 편집을 잘하기 위해서는 기본적으로 편집점을 잘 잡아야 한다. 편집을 잘하는 사람은 사람을 어떻게 사랑하는지를 잘 알게 될 것이다. 게다가 영상 편집은 스토리텔링을 하는 것이기 때문에 편집을 잘하게 된다는 말은 사람과 소통을 잘한다는 것, 결국 소통을 잘하면 좋은 파트너를 만나기가 유리한 것 아닌가? 이게 내가 학생들에게 편집을 사랑이라는 정의를 만들게 된 이유다. 좋은 짝을 찾기 위해서는 가장 핵심 아이템은 바로 '사랑'이다. 그래서 영상 편집은 사랑이다.

이제까지 영상 편집 마스터 되기 이론 부분에 대해서 알아보았다. 한 번 더 상기시키는 차원에서 영상 편집을 잘하기 위해서는 필자가 제시한 비법 7가지를 잘 숙지해야 한다. 이를 바탕으로 2부 영상 편집 기술 편에서 편집의 워크 플로우(Work flow)와 영상 편집 단계별로 반드시 알아야 할 기능 및 기술에 대해 알아보기를 바란다.

박 교수가 추천하는 영화 10

☐ 매트릭스(MATRIX, 1999)

☐ 사랑의 블랙홀(GROUNHUG DAY, 1993)

☐ 위민 원트(WHAT WOMEN WANT, 2000)

☐ 아이언맨(IRON MAN, 2008)

☐ 에이리언(ALIAN, 1987)

☐ 대부(GOD FATHER, 1973)

☐ 트루먼 쇼(TRUEMAN SHOW, 1998)

☐ 라이언 킹(LION KING, 1994)

☐ 지옥의 묵시록(1998)

☐ 친절한 금자씨(2005)

박 교수가 추천하는 OTT & TV 드라마 10

☐ 하우스 오브 카드(House of cards, 2013)

☐ 셜록(Sherlock, 2010)

☐ 왕좌의 게임(Game of Thrones, 2011)

☐ 오티스의 비밀 상담소(sex education, 2019)

☐ 어둠 속으로(Into the night, 2020)

☐ 나의 아저씨(2018)

☐ D.P(2021)

☐ 오징어게임(2021)

☐ 마인:MINE(2021)

☐ 더 글로리(The glory, 2022)

박 교수가 추천하는 OTT 다큐멘터리 5

☐ 스시 장인: 지로의 꿈(2012)

☐ 문어 아저씨(2020)

☐ 블랙핑크: 세상을 밝혀라(2020)

☐ 마이클 조던: 더 라스트 댄스(2020)

☐ 익스플레인: 뇌를 해설하다(2019)

Lean Forward Moment

"편집자는 더 이상 화려한 편집 테크닉으로 차별화할 수 없는 세상이다."

_노먼 홀린

영상을 특별하게 만드는 유일한 방법은 최고의 소프트웨어로 화려하게 영상을 만드는 것이 아니라, 어떻게 하면 최고의 스토리를 전달할 수 있느냐가 관건이다. 그러기 위해서는 관객의 시선을 편집자 마음대로 조종할 수 있어야 한다. 희로애락(喜怒哀樂: 기쁨, 화남, 슬픔, 즐거움)의 감정을 편집자 마음대로 관객을 컨트롤할 수 있다면 여러분은 바로 "편집의 신"이 되는 것이다. 좋은 편집자가 되는 방법을 아주 명쾌하게 개념을 정리한 노먼 홀린(Norman Hollyn)의 저서 〈The Lean Forward Moment〉에서 어떻게 하면 우리의 시선을 사로잡을 수 있을지 말하고 있다. 그는 이 개념을 만들어 냈고 크게 2가지로 요약할 수 있다. 그중 우리의 눈이 어떻게 반응하는지를 알아야 한다.

✪ 인간의 눈(시선)을 특정 방향으로 향하게 하는 3가지 방법

1. A different from surroundings

사람의 눈은 주변 환경에서 다른 부분으로 시선이 향하게 되어 있다. 이 점을 활용해서 영상을 제작할 때 시선을 집중시켜야 할 부분이 있다면 주변과 다르게 색을 연출해 관객의 눈을 원하는 대로 조종할 수 있게 된다.

2. Changing from surroundings

관객의 시선을 사로잡는 또 다른 방법이다. 첫 번째 방법과 같은 개념으로 이번에는 객체의 사이즈로 주변과 다름을 연출했다.

3. To track the eyes

1번, 2번과 다르게 움직임을 이용한 시선 조정 방법이다. 주변 사람(물체)은 고정되어 있는 반면 이중 한 사람(물체)이 움직이게 되면 시선은 동선을 따라가게 된다.

✿ 3가지 다른 감정 반응 일으키기 편집 방법(Emotional reactions in three different ways)

3가지 다른 감정 편집 이미지 예를 통해 어떻게 컷이 다음 컷에 영향을 미치게 되는 지를 노먼 홀린 교수가 아주 단순하게 설명한다. 2대의 카메라로 촬영한 3가지 샷으로 편집을 어떻게 하느냐에 따라 관객의 감징 반응에 대한 시간적 변화를 보여주려고 한다.

아래 예시를 이해한다면 어떤 장르의 편집에서도 적용이 가능하다고 홀린 교수는 강조한다. 이렇게 편집을 계속하면 관객의 시선을 사로잡을 수 있게 되고 결국 최고의 스토리를 만들 수 있게 될 것이다.

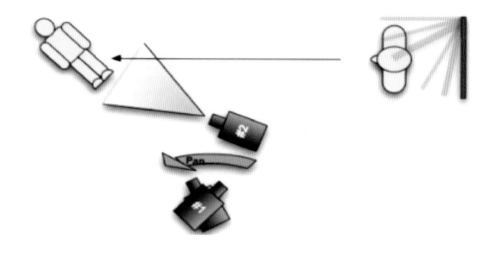

컷 1: 호텔 로비로 성인 남자가 걸어 들어 온다.
컷 2: 남자가 무언가를 보게 된다.
컷 3: 바닥에 쓰러진 여자가 있다.

요약

관객은 마지막 컷을 보기 전까지 남자의 반응에 공감하지 못한다.
(남자 vs 관객 반응 불일치)

CUT 1
CUT 2
CUT 3

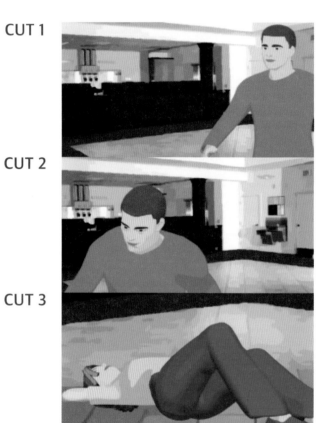

컷 1: 호텔 로비로 성인 남자가 걸어 들어 온다.
컷 2: 바닥에 쓰러진 여자가 있다.
컷 3: 남자가 무언가를 보게 된다.

요약

관객은 남자의 반응에 거의 동시에 반응한다.
(남자 vs 관객 반응 일치)

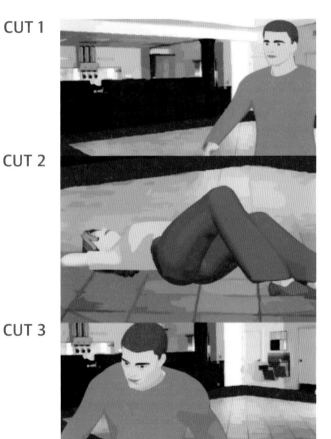

컷 1: 바닥에 쓰러진 여자가 있다.
컷 2: 호텔 로비로 성인 남자가 걸어 들어 온다.
컷 3: 남자가 무언가를 보게 된다.

요약

컷 1에서 관객은 이미 감정 반응이 일어난 상태고, 이 시점에서 이미 남자가 반응을 걱정하게 된다.
(남자 vs 관객 반응 불일치)

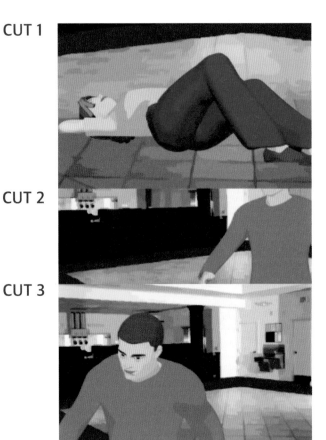

앞에서 본 상황 3가지 편집 버전 중 여러분은 어떤 편집 버전이 가장 잘한 것이라고 생각하는가? 정답은 간단하다. 최고의 편집 버전은 없다. 3가지 버전 중 여러분이 만든 스토리라인에 적합한 편집 방법으로 무엇을 선택하느냐가 좋은 편집을 결정하기 때문이다. '감정 반응 편집법' 꼭 기억해 두기를!

2부

영상 편집 실전 편

영상 편집 워크 플로우

2부 미리보기

"내가 염려하는 바는 핵심적인 지식들이 숙련된 조언자로부터 새 조수나 견습생에게 계승되는 전통이 없어지고, 도구 중심의 훈련과정으로만 재편성되지는 않을까 하는 것이다."

by. 리처드 페퍼먼(Richard D. Pepperman)

영상을 생애 처음으로 완성했을 때 아무리 서툴러도 내가 만든 영상이 재미있다는 생각을 한 번쯤 해봤을 것이다. 하지만 좋은 영상을 만들기 위해서는 기본기를 반드시 숙지해야 한다.

기본기란 리처드 페퍼먼이 그의 책《영화편집, 눈보다 빠른 것은 없다》에서 언급한 것처럼 도구 중심의 기본기가 아닌 핵심적인 영상 이론 지식 바탕 위에 도구 훈련과정을 단계적으로 쌓아 나가야 한다.

2부 실전 편의 영상 편집 테크닉 내용의 상당 부분은 'Studiobinder'라는 웹사이트에서 좋은 내용을 발췌해 담았다. 더 자세한 내용이나 궁금한 부분이 있으면 사이트를 방문해 필요한 정보를 얻기를 바란다.

지금부터는 1부에서 다뤘던 영상 편집 마스터 되기 비법 7가지의 이론 개념을 가지고 실전에서 편집을 어떻게 하면 좋은 영상 콘텐츠를 만들 수 있는지 알아볼 차례다.

영상 편집 워크 플로우
①가져오기

✷Import 방법 및 과정

새로운 이벤트(Event)를 클릭하면 임포터(Improt) 버튼이 나타남

임포트 버튼 클릭을 하면 미디어 임포터(Media Improt) 창이 열림

이벤트 브라우져 창에 소스 클립이 임포터(Improt) 된 상황

    영상 편집 순서에 대해 간략히 살펴보면, '가져오기-편집하기-공유하기' 3단계로 나뉜다. 편집 도구를 실행하는 순간부터 이 3가지 순서를 명심해야 하고, 어느 단계에 머물러 있는지 인지해야 한다. 각 단계에서 수행해야 하는 요소 중 특히 어떤 부분에 집중해야 하는지 알아보자.

영상 편집 워크 플로우
가져오기(import) - 편집하기(edit) - 공유하기(share)

먼저 영상 편집의 첫 번째 단계인 가져오기(import)에 대해 알아보자. 이 단계에서 대부분의 초보자는 지극히 쉽게 생각하고 말 그 자체로 받아들인다. 이러는 순간 이미 좋은 영상 만들기와는 아주 빠르게 멀어지기 시작한다. 필자가 공개하는 방법으로 하면 여러분의 편집 결과물은 명품의 제품으로 거듭나기 시작할 것이다.

대부분 사람들은 영상을 편집할 때 가져오기가 중요한 일이냐고 생각하기 쉽다. 하지만 모든 영상의 품질은 여기서 시작된다고 말해도 과언이 아니다. 필자가 처음 영상 편집을 시작했을 때는 아날로그 시대 끝 무렵 즈음이었고, 편집 플레이 덱(deck)과 레코더 덱(deck)을 이용해 편집했었다. 편집할 때 소스의 시작점과 끝점을 결정하고 편집하는 것이 당연시되던 시절이었다.

그러나 디지털 시대에 편집을 시작한 영상 편집자는 소스를 골라서 가져와야 한다는 개념 자체가 없는 것 같다. 논리니어 편집 도구(NLE: Non-Linear Edit, 비선형 디지털 영상 편집)에서는 소스 파일을 드래그해서 편집 소프트웨어로 가져오는 것이 당연시되고 있고, 그 방법밖에 모르는 입문자가 대부분이다. 이렇게 편집을 시작하면 이미 영상 편집의 기본 개념 원리가 흐트러져 버린 상태이기 때문에 좋은 편집을 기대하기 어렵다.

이 책을 읽고 있고, 미래의 멋진 영상 편집자가 되고 싶다면 지금부터는 가져오기를 할 때 어떤 점을 고려해야 하고, 가져오기한 소스 파일을 어떻게 다루어야 하는지 아래 5가지 방법으로 요약했다. 이 방법을 순차적으로 충실히 이행하면 좋은 편집을 할 가능성이 매우 높아질 것이다.

- 메타데이터 손실에 유의하기

- 클립과 컷의 용어 개념 이해하기

- 소스 이름 신중히 짓기

- 훑어보기 충실히 하기

- 시작점과 끝점 정성스럽게 찍기

✸ 메타데이터* 손실에 유의하기

영상 소스 파일 가져오기 방법에서 중요한 부분은 카메라 메모리 카드에 있는 촬영본 소스를 다룰 때 메타데이터 손실이 없도록 하는 것이다. 지금은 그야말로 데이터의 시대다. 이미 디지털 시대가 시작되면서 정보 홍수의 시대를 예견했고, 중요시 다뤘던 데이터 관리가 영상 제작 분야에도 더할 나위 없이 중요해졌다. 학교에서도 영상 제작 관련 학과가 18개나 있고 매년 수백 편 이상의 다양한 장르 영상이 제작된다.

예상컨대 대부분의 촬영 영상은 메모리 카드에서 컴퓨터로, 외장하드로 옮겨져 다뤘을 것이고, 그 소스로 영상 편집이 이뤄졌을 것이다. 큰일 날 일이다. 프로의 세계에서는 이런 가져오기의 워크 플로우는 상상도 할 수 없다. 촬영 현장에서 영상 이미지 및 데이터 관리를 전문으로 하는 DI/DIT 분야 전문가들은 반드시 원본 소스의 메타데이터를 유지하고 관리하기 위해서 전문 소프트웨어를 통해 백업하고 관리한다.

이처럼 여러분들도 카메라에 있는 촬영본 소스 파일은 반드시 가져오기(Import) 과정에서 메타데이터를 유지 할 수 있는 방법으로 소스를 백업하고 가져오기를 해

---

*   Metadata, 데이터에 대한 구조화된 데이터

야만 한다. 현존하는 영상 편집 도구에서 이 방법이 가능한 소프트웨어는 내가 아는 한 파이널 컷 프로(FCPX)가 유일하다. 크리에이트 아카이브(Create Archive) 기능을 파이널 컷 사용자들은 아마도 알고 있을 것이다. 필자는 파이널 컷 프로 예찬론자가 절대 아니며 처음 경험한 편집 도구이자 함께한 세월 동안 이 도구의 태생과 역사를 잘 알고 있을 뿐이다.

⚙ 클립과 컷의 용어 개념 이해하기

방금 설명한 2가지 방법을 고려해서 가져오기를 하고 나면 편집하기 전 준비 단계에 돌입해야 한다. 지금부터는 데이터 관리에 집중해야 한다. 메인 도구인 파이널 컷 프로에서는 소스 가져오기를 하고 나면 소스 관리창에 보이는 미디어를 '클립'이라고 한다(다른 편집 도구에도 같은 개념을 도입한다).

용어의 정의는 영상 편집 단계에서 매우 중요하다고 생각한다. 논리니어 영상 편집 도구는 대부분 크게 3가지 창으로 인터페이스를 정리한다. 소스를 관리하는 창, 소스나 편집된 영상을 보는 창, 그리고 편집을 할 수 있는 창으로 구성된다. 오랫동안 영상 편집을 가르치면서 학교나 편집 스튜디오 현장에서 목격한 바로는, 아마추어는 물론이고 프로들도 용어를 구별해서 쓰지 않는 것을 확인했다. 특히 학교에서는 용어 개념이나 정의를 모른 채 서로에게 편집 상황을 설명하고 있는 것을 볼 때마다 안타까웠다.

그러므로 이 부분에 집중하라. 소스를 관리하는 창에서는 모든 미디어 소스 파일을 '클립'이라고 정의하고 불러야 한다. 그다음 편집창에서 보이는 모든 미디어는 '컷'이라고 불려야 한다. 왜냐하면 한 개의 소스 클립 전체가 편집되는 경우는 매우 드물다(예외: 왕초보 편집자가 촬영본 전체를 편집창으로 드래그하는 경우).

✹ 소스 이름 신중히 짓기

'클립을 어떻게 관리하는가?' 이것이 편집의 속도, 품질을 결정한다. 카메라 소스 미디어를 가져오게 되면 파일 이름이 카메라에서 생성하는 클립 이름이 자동으로 메겨져 있을 것이다. 편집자는 이 소스 클립을 각 클립의 내용에 맞게 이름을 지어주어야 한다. 그것도 매우 정성스럽게 말이다.

소스 이름 짓기의 중요성을 알게 된 것은 2010년 여름쯤이었다. 파이널 컷 프로 국제 공인 교육과정을 들을 당시 부산대학교 첨단영상교육센터 차경환 교수 겸 트레이너로부터 많은 부분을 배웠고 그때 깨달았던 내용들을 수업에 많이 적·응용하고 있다. 2010년 이후 나의 교수법은 완전히 업그레이드됐고 그래서 파이널 컷 프로 수업에 학생들이 열광하기 시작했던 것 같다.

나의 영상 편집 시그니처 수업 중 하나가 '소스 파일 이름 정성껏 지어주기'다. 인간이 태어나면 제일 먼저 하는 일이 이름 짓기다. 영상에서도 반드시 해야 하는 것이다. 아기가 엄마로부터 태어나듯이 영상은 카메라에서부터 생성이 된다. 그러면 카메라에서 태어난 아기인 영상은 반드시 이름이 있어야 한다. 우리가 사람의 이름을 대충 짓지 않듯이 정성껏 지어야 한다.

일례로 따져보자면, 한국에서 태어난 아기는 대부분 한자와 한글 이름이 있고, 한자 이름을 풀이하면 특별한 의미가 있다. 영상 파일로 바꾸어 말하면 연출이 의도한 대로 카메라 감독이 촬영한 파일이 생성되었을 것이므로, 각 생성 파일의 시공간 의미가 다른 게 당연하다.

✸ 훑어보기 충실히 하기

아기 이름을 충실히 지어주는 과정은 또 한 가지 중요한 포인트가 있다. 영상 편집에서 기초 기술이라고 할 수 있는 훑어보기를 하게 되는 것이다. 초보 편집자들은 자르고 붙이는 것이 편집이라고 생각하기 때문에 훑어보기 과정 없이 소스를 보면서 어디에 자를까만 고민한다.

훑어보기는 책 읽기로 치면 목차를 정하거나 읽어보는 것과 같다. 이 과정 없이 책을 이해하거나 글을 구성지게 쓰기는 어려울 것이다. 목적지가 있어야 잘 도착할 수 있듯이 말이다. 소스 훑어보기를 하고 나면 내가 편집해야 할 클립, 버려야 할 클립을 자연스럽게 머릿속으로 정리하게 된다. 또한, 인터넷 뉴스에 헤드라인만 봐도 어떤 내용이 전개될 것인지 대충 알 수 있듯, 훑어보기를 통해 전체 소스 내용을 빠르게 파악하면 필요한 소스를 찾는데 시간을 줄일 수 있고, 더 나아가 효율적인 편집을 하게 된다.

✸ 시작점과 끝점을 정성스럽게 찍기

편집하기 전 마지막 준비 단계이자 편집자에게는 가장 중요한 순간인 시작점과 끝점 찍기를 알아보자. 시작점과 끝점은 키보드 I, O 단축키로 찍을 수 있으며, 영어로 인(in)점과 아웃(out)점이라고 보면 된다.

클립에서 인 · 아웃점을 찍으면 컷이 생성되게 된다. 이 컷을 편집창(프로젝트 창, 타임라인 창, 시퀀스 창)에 편집한다. 여기까지가 여러분이 말하는 편집의 첫 단계다. 그리고 마스터 영상이 나올 때까지 이 과정을 반복하면 된다. 기술적 관점에서 생각해 보면 너무 단순하지 않은가. 그런데 많은 영상 편집자는 도구에 대해 많이 알아야 하고 특히 기능을 많이 알수록 편집을 잘한다고 생각하는데 큰 오산이다. 좋은 편집은 도구의 문제가 아니라 영상 제작 3단계의 종합적인 결과물이다.

편집 테크닉으로 약간의 문제를 보완하거나 잘 짜인 스토리를 더 빛나게는 할 수 있겠지만, 한 가지의 기술만으로는 좋은 영상을 만들 수 없다. 영화계에서 내려져 오는 명언 중에 "Garbage in, Garbage out" 즉, '쓰레기가 들어가면 쓰레기가 나온다'는 말이 있다. 잘 촬영되지 않은 영상을 편집으로 잘 나오게 하는 것은 불가능하다는 말이다.

지금까지 영상 편집 워크 플로우 중 첫 단계인 가져오기에 대해 알아봤다. 이렇게 많은 부분을 고려하고 신경을 써야 한다고 생각하니 갑자기 편집하기 싫어질 수 있을지도 모르겠다. 그러나 필자가 설명한 내용은 대부분 처음 듣는 내용이 많을 것이라 생각된다. 위 내용 중 시도해 보고 싶은 방법, 선택하고 싶은 부분만 해도 좋은 결과물을 만들어 낼 수 있을 것이다.

영상 편집 워크 플로우
②편집하기

프로젝트 창에 컷(Cut)들이 편집된 모습

가져오기 단계에서 5가지 요소를 충실히 했다면 편집 단계는 훨씬 쉬어진다. 영상 편집자는 편집 도구 앞에서 3W's를 결정해야 한다. 첫째, 무엇을 보여줄 것인가(What to show)? 둘째, 언제 컷을 자를 것인가(When to cut)? 셋째, 무엇과 무엇을 연결할 것인가(What to cut to)? 이 결정을 잘하기 위해서는 다음 항목을 충실히 수행하면서 편집해야 한다.

- 텍스트를 가지고 편집하라
- 편집은 논리니어가 아니라 리니어다
- 영상 시작 부분에 초집중하라
- 엔딩을 알고 편집하라
- 음악은 3~5분짜리 한 편의 드라마와 같다
- 시작과 엔딩은 연결되어야 좋은 편집이다

✹ 텍스트(비디오 스크립트)를 가지고 편집하라

옛말에 '시작이 반'이라는 말이 있다. 편집은 결국 시각적 스토리텔링이다. 편집할 때는 참고할 텍스트가 있어야 한다. 시나리오든, 구성안이든 어떤 형태의 글이 있으면 편집이 쉬워지고 빨라진다. 가져오기 단계에서 5가지 요소를 충실히 했다면 편집 단계는 훨씬 쉬워진다.

비디오 스크립트(Video Script)는 메시지를 효과적으로 표현하는 데 필요한 단서와 대사를 제공하기 때문에 여러 면에서 비디오 스토리텔링의 중추다. 텍스트는 시각적 스토리텔링의 진행 과정을 잘 정리하게 하고 이야기의 명확한 시작, 중간, 끝을 정의하는 역할을 한다.

비디오 스크립트(Video Script)를 사용하면 편집할 때 다음을 가능하게 한다. 비디오 전환 과정 내내 일관된 목소리, 톤 및 관점 설정할 수 있다. 정리된 생각과 아이디어를 가지고 탄탄한 구성 편집을 할 수 있다. 편집하는 동안 시각적으로 횡설수설하거나, 적절하지 않은 컷을 사용하거나, 집중력을 잃을 위험을 방지한다.

✳ 편집은 논리니어(Non-Linear)가 아니라 리니어(Linear)다

편집 방법은 도구에 따라 다르지만 기본 편집 방법은 덮어쓰기, 삽입, 대체, 연결(PIP) 편집으로 할 수 있다. 특히 파이널 컷 프로에는 독특하고, 유일한 편집 방법인 Append(리니어 편집)가 있다. 이 편집 방법은 타임라인에 편집점을 잡지 않아도 마지막 컷 다음에 편집이 되는 방법이다.

원래 편집은 리니어(선형)가 맞다. 이야기는 시간의 순서대로 진행이 되어야 이해되기 때문이다. "나는 오늘 아침 7시에 일어나서 8시에 아침을 먹고 9시에 학교에 도착했다"라는 내용을 영상으로 구성해서 편집한다고 가정해보자. 영상 구성도 아침에 일어나는 장면 다음에 식사 장면, 마지막으로 학교 교문을 통과하는 장면의 순서로 편집되어야 자연스러울 것이다.

이처럼 대부분의 스토리는 시간 순서대로 편집해야 관객이나 시청자도 자연스럽게 스토리를 따라간다. 그렇지 않은 경우도 당연히 있다. 과거 회상 장면이나 미래를 표현하는 장면 등 특수한 경우를 빼면 기본적인 편집은 리니어 편집 방법으로 해야 한다. 하지만 디지털 시대에 편집을 시작한 사람이라면 논리니어 편집 도구에서 당연히 논리니어 편집을 해야 한다고 착각하고 있다. 기능은 논리니어(비선형)지만 영상 편집자의 생각은 리니어야 한다는 것을 명심하자.

❀ 영상 시작 부분에 초집중하라

요즘 수많은 유튜브 콘텐츠 중에 최고 인기 있는 장르는 숏츠다. 1분 내외의 자극적이거나 재미있는 소재의 짧은 영상들이 많은 조회수와 좋아요를 받는다. 왜 그럴까를 생각해 보면 답은 뻔하다. 시청자 대부분이 영상을 소비할 때는 성격이 급해지는 경향이 있기 때문이다. 빠른 시간 내에 본인들을 쾌락의 도가니로 빨아들이기를 바란다. 인간의 본성이므로 당연하다.

사람은 영상을 통해 행복하기를 바라는 마음, 여유롭고 즐겁고, 신나고, 짜릿한 기분을 느끼기를 원한다. 그러나 이 심리를 안다면 지금 쏟아져 나오는 영상 콘텐츠에서 얼마나 이 부분을 고려하고 만들었을까 하는 궁금증이 생긴다. 답은 결국 제작자의 입장에서 시청자의 입장으로 역지사지해 보면 나온다.

그래서 영상 편집 수업에 학생들에게 처음 5초, 첫 번째 컷이 너무나 중요하다고 강조하고 또 강조한다. 영화 편집을 한다고 가정해보면 1막(도입 부분)에 들어갈 내용은 주인공 캐릭터 소개, 스토리 전개 또는 메시지 암시가 있어야 한다. 그래서 잘 된 영화는 도입 부분 1~5분 정도만 보면 흥미로운 내용인지 알 수 있다. 기본적인 2가지 요소만 잘 파악할 수 있는 능력이 생기면 여러분들도 영상 콘텐츠를 만들 때 도입부 분에 대한 고민과 노력을 기울일 것이다.

❀ 엔딩을 알고 편집하라

영상 편집을 처음 시작하거나 초보자라면 대부분이 이야기를 머릿속으로 만들어가면서 편집한다. 필자의 학생들도 100이면 100 모두가 처음에는 텍스트 없이 편집을 한다. 머릿속에서 그때그때 생각나는 대로 편집을 하고 그러다 생각나지 않으면 컷을 옮겼다, 지웠다 하면서 진도가 나가지 않는다. 이 대목에서 공감하는 초보들이 많을 것이다. "왜 이렇게 편집이 안 되지?" 당연하다. 목적지를 모르고 편집을 시작했기 때문이다.

예를 들어 친구 A가 부산 해운대에서 출발해 서울 광화문 광장에 도착해 친구 B를 만나는 미션이 있다고 가정해 보자.

선택 1: 자가용이 있다면 해운대에서 광화문까지 운전

선택 2: 해운대~부산역(택시) → 부산역~서울역(KTX) → 서울역~광화문(지하철)

선택 3: 시간적 여유가 있다면 해운대~부산 고속터미널(버스) → 부산 고속터미널~서울 고속터미널(고속버스) → 서울 고속터미널~광화문(지하철)

선택 4: 친구 B가 친구 A에게 해운대에서 출발해 서울로 오라고 했을 때, 명확한 서울 도착지를 모른다면 A는 B를 만날 수 있을까?

이처럼 미션 수행을 위해 여러 교통편을 이용해 도착하는 방법이 있을 것이다. 위의 4가지 선택지 중 1~3번까지는 친구 A가 B를 광화문에서 만날 수 있었을 것이다. 단, 도착시간의 차이가 있었을 뿐이다. 그러나 선택 4의 경우 결국 두 친구는 각자 다른 곳에서 서로를 찾아 헤매게 됐을 것이다. 이처럼 영상 편집에서 엔딩(목적지)의 중요성은 아무리 강조해도 지나치지 않다

✺ 음악은 3~5분짜리 한 편의 드라마와 같다

매년 가을학기 영상 편집 기초 수업 5주 차에 오디오 편집 수업을 한다. 그때마다 학생들에게 질문한다. "영상에서 비디오가 더 중요해, 아니면 오디오가 중요해?" 대부분의 학생은 이렇게 답한다. "비디오 아닌가요?" 그러나 필자는 오디오가 훨씬 더 중요하다고 답한다. 왜냐하면 비디오로 사람의 감정을 슬프게 할 수는 있으나,

눈물을 떨어뜨리게 만드는 것은 오디오의 역할이다. 그만큼 영상 제작에서 소리의 중요성이 매우 높다는 의미다. 하지만 아직도 많은 영상 제작자가 시각적인 부분에 너무 치중한 나머지 사운드 작업에 정성을 쏟지 않는 경우가 만연하다.

과거 국내 영상물의 오디오 마스터링 작업이 꽤 오랫동안 해외에서 이루어졌는데, 그 이유는 국내에서 소화하기도 어려웠고 잘하는 작업자가 소수였다. 국내에서 만들어지는 대작들은 거의 해외에서 오디오 작업을 하는 게 일반적이었다. 그만큼 중요하고, 어렵기 때문에 공을 들여야 한다. 따라서 나는 학생들에게 "노래 한 곡은 3~5분짜리 한 편의 드라마와 같다"라고 가르친다. 잘 편집한 비디오에 적절히 잘 고른 BGM 한 곡은 영상을 더욱 풍성하게 만든다.

❀ 시작과 엔딩은 연결되어야 좋은 편집이다

이 세상에는 장르별로 잘 만든 영상 콘텐츠가 많다. 영상을 즐기는 대중부터 분석하는 전문 평론가까지 좋은 영상의 기준은 다양할 것이다. 하지만 이런 다양한 관점과 기호를 가지고 있는 영상 소비자들이 이구동성으로 좋은 영상이라고 추천하는 공통점 중 하나가 바로, 영상의 시작 부분과 끝부분이 연결된 영상이다. 이건 우연의 일치가 아니다.

2021년 아카데미 작품상을 받은 〈기생충〉도 이 맥락에 비추어 보면 왜 수상을 하게 된 것인지 알 수 있다. 영화 1막 1씬에서 지하 방 쇠창살, 빨랫줄, 풀 샷에서 틸트다운으로 주인공 기우의 모습이 보인다. 그리고 3막 마지막 씬도 역시 반지하 똑같은 미장센에 단지 계절만 바뀌었고, 겨울밤의 어두운 분위기 연출을 했다. 그래서 영화 〈기생충〉이 완벽히 그 공식대로 만들어진 대표 작품이라 생각한다.

월터 머치(Walter Scott Murch)의 "The rule of six"

"월터 머치(1943년 7월 12일 출생)는 미국의 영화 편집자, 감독, 작가 및 사운드 디자이너다. THX 1138, Apocalypse Now, The Godfather I, II, III, American Graffiti, The Conversation, Ghost 및 The English Patient에 대한 작업을 포함하여 1969년까지 거슬러 올라가는 경력으로 3개의 아카데미 상을 수상했다.[*]"

월터 머치의 책《In the Blink of an Eye》[**]는 최상의 컷을 만드는 방법을 설명한다. 그는 편집점으로 컷을 만드는 방법에는 6가지 요소가 있다고 한다. 요소들의 중요도에 따라 분류해 편집할 때 이점을 잘 고려하면 좋은 편집을 할 수 있다고 한다. 6가지 요소가 무엇인지 간략히 소개해 본다.

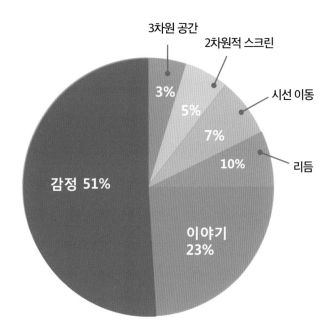

편집점으로 컷을 만드는 6가지 요소

[*]   위키피디아

[**]   실먼-제임스 프레스 출판, 2001년 발행

1. 감정(Cut for emotion)(51%)

2. 이야기(Advancing the story cuts)(23%)

3. 리듬(Cutting with rhythm)(10%)

4. 시선을 따라가게 하는 것(Lead with eye trace)(7%)

5. 2차원적 스크린(Recreate reality on screen)(5%)

6. 3차원적 공간의 동작(Physical space in a scene)(4%)

Cut for emotion(51%)

: 순간순간의 감정과 일치해야 한다

최고의 컷을 만드는 요소의 50% 이상을 차지하는 첫 번째 규칙은 감정이다. 이 첫 번째 법칙을 이해하기 위해서는 어떤 컷이 현재 청중에게 감정적으로 어떤 영향을 미치는지를 본인 스스로에게 물어야 한다. 반드시 하나의 컷에서 슬프게 만들고 다른 컷에서 행복하게 만들어야 하는 것은 아니다.

이 규칙은 영화의 느낌과 더 관련 있다. 장면의 음색, 컷이 올바른 감정 톤(Tone)으로 작동하거나 전반적으로 원하는 느낌을 주느냐가 중요하다. 장면 전환(Transition) 또는 컷 편집이 이야기의 일반적인 감정적 경험과 일치하느냐를 따져봐야 한다. 이야기의 일반적인 감정적 경험은 설정한 분위기 또는 어조(Tone)다. 스토리 전반에 걸쳐 이 톤을 유지하려면 컷과 장면 전환이 해당 톤(Tone)과 일치해야 한다는 것 중요하다.

Advance the story cuts(23%)

: 이야기를 진전시킨다

잘라내기(cutting), 장면 전환 또는 편집이 의미 있는 방식으로 스토리를 전개하는지 궁금해해야 한다. 편집자로서 어떤 결정을 내리든 스토리를 염두에 두고 편집해야 한다. 따라서 이야기는 실제로 영화의 내용입니다. 줄거리와 이야기를 혼동하면 안 된다.

Cutting with rhythm(10%)

: 자연스럽게 흥미를 불러일으키다가 바로 원하던 장면의 순간이 나오도록 한다

감정적인 톤과 스토리에 주목한 컷은 이 톤과 스토리와도 일치하는 특정 속도나 리듬으로 연결된다. 컷의 리듬이 스토리 내의 감정과 일치하는지 자신에게 물어보라. 편집자로서 만약 등장인물의 혼란을 표현하는 것이 목적이라면 그 장면은 역동적인 리듬을 요할 것이다. 반면 감정과 스토리 진행이 평화롭다면 그 장면의 리듬은 그 분위기를 반영해야 할 것이다.

머치는 편집을 '시각적 음악'으로 생각하기를 원한다. 그에게 리듬은 그저 '컷의 음악'일 뿐이다. 컷들이 함께 흘러가면서 감성적인 톤이 고조되는가, 컷이 율동적으로 올바른 위치에서 편집되었는가를 확인해야 한다.

LEAD WITH EYE TRACE(7%)

: 어떤 프레임에서 관객의 관심 초점이 어디에 있는지와 어떻게 이동하는지에 관한 문제

아이 트레이스(관객의 시선을 따라가게 하는 것)는 블로킹, 카메라 움직임, 색상, 조명, 컷을 통해 시청자의 시선을 프레임의 특정 영역으로 이끌게 하는 영화 제작 기법이다. 아이 트레이스라는 용어는 실제로 영화 제작자가 관객이 보는 것을 제어하기 위해 사용하는 도구다. 아이 트레이싱은 종종 연속 편집에서 시청자의 시선을 맞추는 데 사용된다.

RECREATE REALITY ON SCREEN(5%)

: 3차원인 기본원리가 2차원으로 바뀌는 평면성을 고려한다

인생은 입체적이다. 이 규칙은 3차원 세계를 화면에서 보는 2차원 세계로 바꾸는 것이다. 우리는 이 2차원 공간(평면 영화 스크린)에서 사람 A가 실제로 사람 B를 보고 있다는 것을 증명해야 한다.

PHYSICAL SPACE IN A SCENE(4%)

: 실제 공간인 3차원적 연속성을 고려한다

이 규칙은 단순히 청중이 장면의 모든 것이 어디에 있는지 이해하도록 한다. 개체가 서로 관련된 위치를 보여준다. 예를 들어, 내가 차에서 내려서 발을 내디딜 때, 땅에 착지하는 걸까 아니면 이미 집에 있는 걸까? 컷이 내 물리적 공간을 충분히 잘 설정하여 청중이 내가 어떻게 지금의 위치에 도달했는지 이해할 수 있다.

영화 초기에 영화 제작자들은 이것에 대해 약간 편집증적이었다. 당시에는 컷 수가 적었고 실제로 한 장소에서 다른 장소로 이동하는 배우를 촬영하는 것이 일반적이었다. 그들은 이야기가 현실과 일치하지 않으면 청중이 이야기의 사건을 따라갈 수 없을지도 모른다고 걱정했다.

물론 지금은 이 규칙이 항상 깨진다. 때때로 이 규칙을 어기는 것이 그것을 따르는 것보다 훨씬 더 효과적으로 영화의 톤을 만들어 낸다.

영상 편집 워크 플로우
③공유하기

공유(Share)버튼을 클릭하면 팝업 창을 통해 다양한 코덱으로 영상 내 보내기

영상 편집의 작업 공정 중 마지막 단계를 알아보자. 공유하기(Share)는 주로 출력 (Export)이라는 용어가 더 많이 쓰였고 'Render'라는 용어를 쓰는 편집자도 있었다. 지금은 이 용어 3가지 중에 하나만 써도 업계에서는 무슨 말인지 다 안다. 하지만

SNS가 급속도로 확산하면서 공유하기라는 용어가 자연스럽게 사용자들에게 각인이 되면서, 원래 주류였던 Export가 점점 사용 빈도가 줄고 Share가 압도적으로 영상 편집에서 통용되고 있다. 나 자신도 여러 가지 미디어 플랫폼에 적절한 포맷으로 편집본을 만들어 내야 하므로 이 용어가 타당하다고 생각한다.

공유하기(Share)

- 최종 편집 영상을 동영상으로 만드는 것
- 만든 동영상을 어떤 플랫폼에 재생할지 결정하고 만들어야 하는 것

공유하기에서 가장 중요한 개념 및 기술은 코덱(CODEC)을 이해하고 적절하게 적용하는 것이다. 영상에서 코덱이라는 용어가 등장한 이유는 크게 2가지다. 첫 번째로 아날로그 신호를 디지털 신호로 바꾸기 위함이고 이 과정에서 동영상을 압축해야 한다.

두 번째는 압축한 동영상을 재생할 수 있어야 한다. 압축한 동영상을 재생하기 위해서는 압축을 푸는 소프트웨어가 있어야 하는데 미디어 플레이어가 그 역할을 한다. 그래서 다양한 미디어 플레이어들이 존재하는 이유다. (QuickTime, Window Media Player, Gom 기타 등등)

요즘 대표적인 공유 포맷은 유튜브 아닌가 싶다. 짧은 영상 제작 형태인 숏폼 콘텐츠, 개인 유튜버가 올리는 동영상 콘텐츠 등 하루에 엄청난 양의 다양한 영상이 올라온다. 이때 아마추어는 코덱을 잘 모르기 때문에 그냥 편집 툴이 제공하는 기본으로 출력한다. 그렇게 되면 3가지의 문제가 발생한다.

첫 번째, 업로드에서 문제가 생길 가능성이 있고, 두 번째, 영상 소비자가 원하는

품질의 해상도를 볼 수 있을지도 알 수 없다. 세 번째, 예전에는 미디어 플레이어가 지금처럼 다양한 코덱을 재생할 수 없어 문제가 된 경우가 많다. 이처럼 코덱을 이해하지 못하고 공유하기를 하면 일어날 문제가 수없이 많다.

파이널 프로 프로젝트 세팅의 예

프로젝트 세팅을 할 때 고려해야 할 항목은 프레임 사이즈, 프레임 레이트, 화면 비율, 데이타 레이트 등이다. 지금부터는 어떻게 적절한 코덱을 결정하는지 알아 보자.

❀파이널 컷 프로 프로젝트 세팅

비디오 포맷(Video format)

비디오 파일 포맷은 컴퓨터 시스템에서 디지털 비디오 데이터를 저장하기 위한 파일 형식의 일종이다. 동영상은 파일 크기 축소를 위해 대부분 손실 압축을 사용하여 저장된다.

· AVI

avi는 MS의 video for windows로 윈도우즈 표준 동영상 파일이다. Audio Video Interleave의 약자로 장점은 코덱을 자유롭게 지정해서 압축할 수 있다는 것이다. 원래 녹화를 위한 기능도 있는데 미리 녹화할 용량을 지정하고 빈 파일로 만드는 기능도 있다. 단점은 주로 PC에서 재생하는 것이 목적이라 다른 기기에서는 제한이 있을 수 있고 자유로운 코덱 사용이 경우에 따라서 편집할 때 해당 코덱을 설치해야 하는 등의 문제도 있다. 대체적으로 코덱에 따라 다르지만 용량이 가장 큰 편에 해당한다.

· WMV

MS의 windows media video파일로 asf의 개선판이다. 구조는 asf와 같다. 주로 인터넷상에서 재생하는 것이 목적이고 상대적으로 avi에 비해 고압축을 사용한다. avi와 달리 코덱의 지정이 자유롭지는 않지만 iso mpeg4나 wmv7, 8, 9 advanced profile 등의 규격 설정이 가능하고 높은 버전일수록 압축률이 상승한다. 단점은 주로 인터넷상의 재생이 목표이므로 PC나 기타 기기에서 재생할 때 키프레임을 찾거나 탐색(재상 막대 이동)할 때 시간이 다소 많이 걸린다.

· MP4(MPEG-4)

원래 기술 규격인데 주로 mpeg 4 / avc h264 규격을 사용한 동영상을 의미한다. 소니 등의 nx-cam규격(메모리 방식 HD비디오 카메라)의 m2ts도 이것과 유사하다. 용량대 화질이 상당히 좋은 편이고 상업용 전자기기에서도 (이를테면 블루레이 플레이어) 재생이 가능하다. 다른 형식은 wmv를 제외하고는 별도의 추가 기능이 있어야 재생 가능하다.

단점은 재생 시 높은 사양을 요구할 수 있다는 것과 편집과 출력에 높은 사양이 필요하다는 것이다. 다만 재생에 한에서 보통 요즘 그래픽 카드들이 h264 가속을 지원하므로 의외로 잘 재생되는 경우도 많다. avi나 mkv의 경우 코덱을 h264로 지정하면(주로 x264 등이 있음) mp4와 같은 수준으로 인코딩이 가능하다.

· MKV

matroska video파일로 사실상 공식적인 형태는 아니지만 avi의 장점에 캡션(자막)을 추가할 수 있다. avi와 같이 코덱 지정을 자유롭게 할 수 있지만 일반적인 프로그램 편집하기 어렵다.

해상도(Resolution)

해상도는 색의 정보를 가지고 있는 픽셀이 한 화면에 몇 개나 포함되어 있는지 말한다. 대게 가로 방향의 픽셀 개수와 세로 방향의 픽셀 개수를 곱하기 형태로 나타낸다. (예: HD, UHD, 4K, 8K 등)

프레임 레이트(frame rate)

과거 영상 편집자가 편집 작업을 시작하기 위해 도구를 로딩했을 때 제일 먼저 고민한 것이 있다. "편집 시퀀스 세팅 때 프레임 레이트를 무엇으로 할 것인가?" 아날로그 시절 TV 표준 프레임 레이트, 영화 프레임 레이트가 각각 달랐기 때문이다. 지금은 이런 고민을 할 필요는 없지만 한 가지 꼭 알아 두어야 할 것은, 디지털 시대 가장 이상적인 프레임 레이트는 24프레임이다.

프레임 레이트(Frame rate)란 디스플레이 장치가 화면 하나의 데이터를 표시하는 속도를 말하며, 프레임 속도(frame 速度) 또는 프레임률(frame 率)이라고 옮기기도 한다. 이와 같은 뜻으로 쓰이는 초당 프레임 수(frames per second 秒當, frame 數)는 1초 동안 보여주는 화면의 수를 가리키며, 로마자 약어 및 단위로는 fps(또는 프레임/초)를 쓴다.

일본에서는 애니메이션을 제작할 때 예산을 줄이려고 18fps나 15fps 동영상을 만들기도 한다. BD로 제작되는 경우 일반적으로 fps 수치가 상승하며 보정 또한 추가된다. 송출되는 TV나 DVD는 기본적으로 20fps를 넘기는 경우가 많다. 보통 눈의 잔

상을 이용해서 표시하기 때문에 1초에 30번 또는 24번 이상이 필요하다.

- 60i (29.97 프레임): NTSC 텔레비전에 쓰이는 표준 비디오 필드 속도이다. DVD, 가정용 캠코더, 방송 신호에 쓰인다(실제로는 59.94가 더 정확한 표현이다).

- 50i (25 프레임): PAL과 SECAM 텔레비전에 쓰이는 표준이다.

- 30p (30 프레임): 비월 주사 방식이 아닌 포맷으로, 1980년대 뮤직비디오 산업에 처음 사용하였다.

- 24p (24 프레임): 비월 주사 방식이 아닌 포맷으로, 비디오 신호를 필름에 전송하기 위해 쓰인다.

- 25p (25 프레임): 이 프레임 레이트는 50i PAL 텔레비전 표준에서 가져온 것이다.

- 60p (60 프레임): 고성능 HDTV 시스템에 쓰이는 순차 주사 방식 포맷이다.

- 120p (120프레임): 초고선명 텔레비전(UHDTV)의 표준인 Recommendation ITU-R BT.2020에 채택되었다.

- 300p (300프레임): 스포츠 영상 등 움직임이 많은 영상을 위하여 연구되고 있으며, HEVC 코덱의 상한 프레임 레이트다.

이름	가로세로비	너비(px)	높이(px)	스트리밍 사용자 비율	웹 사용자 비율
VGA	4:3	640	480	0.02	없음
SVGA	4:3	800	600	0.17	1.03
WSVGA	17:10	1024	600	0.31	2.25
XGA	4:3	1024	768	5.53	18.69
XGA+	4:3	1152	864	0.87	1.55
WXGA	16:9	1280	720	1.21	1.54
WXGA	5:3	1280	768	없음	1.54
WXGA	16:10	1280	800	4.25	12.97
SXGA-(UVGA)	4:3	1280	960	0.72	0.72
SXGA	5:4	1280	1024	10.66	7.49
HD	~16:9	1360	768	2.36	2.28
HD	~16:9	1366	768	17.19	19.14
SXGA+	4:3	1400	1050	0.18	없음
WXGA+	16:10	1400	900	7.60	6.61
HD+	16:9	1600	900	6.82	3.82
QHD+	16:9	3200	1800	없음	업슴
UXGA	4:3	1600	1200	0.53	없음
WSXGA+	16:10	1680	1050	10.26	3.66
FHD	16:9	1920	1080	25.04	5.09
WUXGA	16:10	1920	1200	3.65	1.11
QWXGA	16:9	2048	1152	0.13	없음
WQHD	16:9	2560	1440	0.72	0.36
WQXGA	16:10	2560	1600	0.19	없음
	3:4	768	1024	없음	1.93
	16:9	1093	614	없음	0.63
	~16:9	1311	737	없음	0.35
기타				1.29	7.25

[일반 디스플레이 해상도]

영상 편집의 마지막,
코덱(Codec)

영상 또는 영상의 신호를 디지털 신호로 변환하는 코더(Coder)와 그 반대로 변환시켜 주는 디코더(Decoder)의 기능을 함께 갖춘 기술이 '코덱'이다. 음성이나 비디오 데이터를 컴퓨터가 처리할 수 있게 디지털로 바꿔 주고, 그 데이터를 컴퓨터 사용자가 알 수 있게 모니터에 본래대로 재생시켜 주기도 하는 소프트웨어다. 동영상처럼 용량이 큰 파일을 작게 묶어주고 이를 다시 본래대로 재생할 수 있게 해준다. 파일을 작게 해주는 것을 인코딩, 본래대로 재생하는 것을 디코딩이라고 한다.

영상 편집에서 쓰는 주요 코덱 7가지는 다음과 같다.

· H.265/MPEG-H HEVC 코덱
2013년 4월에 발표된 MPEG-H Part.2 규격으로 기존보다 압축 효율이 높아서 HEVC(High Efficiency Video Coding)라고도 한다. [1] FourCC[2]는 HVC1 혹은 H265이다.

· H.264/MPEG-4 AVC 코덱
블록 단위 움직임 보상 기반의 영상 압축 표준인 H.264 또는 MPEG-4 파트 10, Advanced Video Coding (MPEG-4 AVC)는 동영상 녹화, 압축, 배포를 위한 방식 중 현재 가장 보편적으로 사용되고 있는 포맷이다.

• H.263v2 (H.263+) 코덱

H.263은 화상 회의와 화상 전화를 응용하기 위한 영상 압축 코딩 표준 문서다. ITU-T 영상 부호화 전문가 그룹(VCEG)이 영상 부호화 표준인 H.26x 대의 한 구성원으로서 개발하였다. H.263은 초당 20K~24K 비트처럼 낮은 대역폭에서의 스트리밍 미디어를 위해 H.261 코덱 기반으로 개발됐다.

• H.262/MPEG-2 코덱

H.262[1] 또는 MPEG-2 파트 2(공식 명칭은 ISO/IEC 13818-2[2]나 MPEG-2 비디오)는 ITU-T 영상 부호화 전문가 그룹(VCEG)과 ISO/IEC 동화상 전문가 그룹(MPEG)이 공동으로 개발하였고, 유지/보수하는 디지털 비디오 압축, 인코딩 표준이다.

• 마이크로소프트 코덱

Windows Media 형식(.asf, .wma, .wmv, .wm)

• 구글 (On2) 코덱

On2 VP6 6.2.6.0 코덱은 개인 사용자에 한해서 무료로 사용할 수 있는 VP6로 인코딩된 동영상을 재생하기 위한 코덱이다.

• 무손실 코덱

Lossless compression, 말 그대로 압축된 상태에서도 디지털 원본과 100% 똑같은 형태를 유지하는 방식이다. 무손실 압축 포맷은 따라서 반복 표현되는 정보를 최대한 줄여 수학적으로 정의되는 정보량에 가깝게 만드는 수학적 기법과 관련이 있다.

✹ 코덱의 분류 3가지

촬영 코덱

영상 촬영용 카메라에서 데이터를 기록하기 위한 코덱이다. 카메라 제조사마다 고유의 코덱을 사용하고, 원본 화질 손실이 적어 압축 과정이 빠른 코덱을 사용한다.

편집 코덱

영상 편집자의 수준을 가장 잘 알 수 있는 방법 중 하나다. 편집 코덱은 지구상에 딱 두 종류밖에 없다. 애플의 Prores 코덱과 아비드의 DnxHD 코덱이다. 이들 편집 코덱은 각각 파이널 컷 프로와 아비드 편집 도구에 탑재된 코덱이며 영상 편집 과정에서 화질 손실을 최소화하는 코덱이다. 촬영 소스 파일을 편집 도구에 가져오기를 할 때 반드시 편집 코덱으로 변환해야 한다.

송출 코덱

최종 편집된 영상의 배포용 코덱으로, 고화질 저용량 파일을 만들어 내는 게 핵심이다. 대표적인 HD 송출 코덱이 h.264이고 4K 이상은 h.265 코덱이다.

3부

대박 유튜버, 어렵지 않다

유튜브 크리에이터를 위한 꿀팁

유튜브 크리에이터 입문자가
가장 많이 하는 실수

앞서 책 [영상 기초 이론 및 개념 정리] 파트에서 다루었던 '초보 영상 편집자가 가장 많이 하는 실수 7가지'를 읽지 않고 여기로 바로 왔다면 그 페이지를 한 번 훑어 보고 내 얘기를 들으면 더 좋겠다. 영상 제작이라는 큰 틀에서 보면 유튜브 크리에이터도 이제는 한 장르로 자리를 차지하고 있어 이 분야를 이해하는 데 도움 되는 부분이 있을 거기 때문이다.

레거시 미디어 영상 제작자와 유튜브 크리에이터의 가장 큰 차이점은 콘텐츠 품질의 기준에 있는 것 같다. 영상 콘텐츠의 수준을 최저 1점~최고 10점이라는 점수를 매긴다면 전자는 최소 5 이상은 되어야 소비자의 니즈를 충족시킬 가능성이 높다. 그러나 후자는 1부터 10까지 어떤 수준의 콘텐츠를 만들어도 영향을 크게 받지 않는 것이 지금 시대인 것 같다. 그래서 고객 만족의 패러다임이 너무 넓어 유튜브 크리에이터가 되는 것이 사실은 더 힘든 것 같다.

이 책을 쓰기 전까지만 해도 영상의 품질면만 보자면 유튜브 콘텐츠에 대한 약간의 오해와 편견이 있었다. 하지만 지금은 유튜브의 세계를 좀 더 자세히 들여다

보니 관점의 차이일 뿐 특별히 다르지 않다고 생각을 바꾸게 됐다. 지금 이 책을 읽고 있고 유튜브 크리에이터가 되고 싶다는 열망이 강한 독자라면 이거 하나는 꼭 명심하라.

장르의 차이를 반드시 이해하고 이 시장에 뛰어들어야 한다. 그냥 영상 콘텐츠를 만드는 것이 아니고 유튜브 장르는 반드시 재미있어야 하고, 독창적이어야 살아남기 때문이다. 이러한 인기 유튜브 콘텐츠를 만들기 위해서 현재 본인의 가진 능력과 부족한 부분이 뭔지 냉정하게 바라볼 수 있어야 레드오션의 시장에서 성공할 수 있다. 지금부터 유튜브 초보가 어떤 부분을 가장 많이 놓치는지 꼼꼼히 살펴보자.

불명확한 콘텐츠 방향

콘텐츠의 목표나 방향성이 불분명한 경우 시청자들의 관심을 끌기 어렵다. 명확한 주제와 타겟 시청자를 정의하고 그에 맞는 콘텐츠를 제공해야 한다.

B급 비디오 품질

품질이 낮은 비디오(기획, 촬영, 편집, 화질, 스토리 등등)는 시청자들에게 부정적인 인상을 남길 수 있다. 좋은 화질, 음향, 조명을 유지하며 제작 및 편집 기술을 향상시켜야 한다.

비효율적인 편집

지나치게 긴 소재나 반복적인 내용은 시청자들의 관심을 잃게 할 수 있다. 효과적인 편집으로 내용을 간결하고 흥미로운 부분으로만 구성하라.

번뜩이는 제목과 썸네일

참신한 제목과 화려한 썸네일을 사용하는 것은 시청자들의 신뢰를 잃게 할 수 있다. 제목과 썸네일은 콘텐츠의 내용을 정확하게 나타내야 한다.

미흡한 SEO 최적화

검색 엔진 최적화(SEO)를 무시하면 비디오가 검색 결과에서 노출되기 어려울 수 있다. 관련 키워드를 적절히 사용하여 제목, 설명 및 태그를 작성하라.

댓글과 소통 소홀

시청자들과의 상호작용을 소홀히 하면 커뮤니티가 형성되지 않고 구독자 유치가 어려울 수 있다. 댓글에 답하고 시청자들과 소통하는 것이 중요하다.

마케팅 부재

좋은 콘텐츠를 만들더라도 적절한 마케팅을 하지 않으면 시청자들이 찾아오기 어려울 수 있다. 다른 소셜 미디어 플랫폼에서 콘텐츠를 홍보하고 공유하라.

인내 부족

유튜브에서 성장 및 성공은 시간이 걸릴 수 있다. 초반에는 구독자와 시청자가 적을 수 있으나, 인내와 노력을 투자하며 지속적으로 발전할 수 있도록 하라.

피드백 무시

시청자들의 피드백을 무시하거나 반영하지 않으면 콘텐츠 개선이 어려울 수 있다. 시청자들의 의견을 적극적으로 수용하고 개선할 수 있도록 유연해야 한다.

저작권 위반

다른 사람의 콘텐츠를 무단으로 사용하거나 저작권을 위반하는 행동은 큰 법적 문제를 야기할 수 있다. 합법적인 방법으로 콘텐츠를 활용해야 한다.

이러한 실수를 줄여 나가고 지속적으로 자신의 콘텐츠 수준을 향상시키기 위해 노력하면, 결국 성공하는 크리에이터로 가는 길이 빨라질 것이다.

성공하는
유튜브 크리에이터 유형

유튜브 크리에이터로서 성공하려면 열정, 창의성, 노력, 기술, 분석 능력, 커뮤니케이션 능력 등 다양한 특성과 자질이 필요하다. 누구나 최소한 한 가지 이상 이러한 능력을 가지고 있을 것이다. 하지만 콘텐츠 소비자의 욕구는 변화무상하고 트렌드에 민감해 유튜브 세계에서 성공하기란 쉽지도, 만만하지도 않을 것이다. 하지만 궁극적으로 유튜브 크리에이터가 된다는 것은 자신의 고유한 관점, 기술 및 관심사를 세상과 공유하는 것이다.

다양성, 창의성, 개성이 가장 중요시되는 플랫폼이 바로 유튜브 세계다. 수많은 사람과의 소통 및 연결을 열정적으로 원하는 경우, 유튜브는 다양한 개인이 자신을 표현하고 글로벌 커뮤니티에 참여할 수 있는 공간을 제공할 것이다. 다음과 같은 특성을 가진 사람들이 유튜브 크리에이터로서 성공할 수 있는 가능성이 매우 높을 것이다.

1. 열정과 흥미

특정 주제, 취미, 기술 또는 주제에 대해 깊은 열정을 가진 사람들은 유튜브 크리에이터가 되기에 적합하다. 열정을 공유하면 동기를 부여하고 같은 생각을 가진 소비자를 끌어들일 수 있다.

2. 창의성과 독창성

예술가, 음악가, 작가, 영상 제작자 및 기타 창의적인 개인은 유튜브를 플랫폼으로 사용해 자신의 작품을 선보이고 노출을 얻고 더 많은 잠재고객과 소통할 수 있다.

3. 커뮤니케이션 능력

크리에이터가 잠재 고객과 연결하고 영향력 있는 메시지를 전달하며 시청자의 상호 작용과 참여를 장려하는 긍정적인 시청 환경을 만드는 데 도움이 된다.

4. 인내와 노력

유튜브 크리에이터로서 처음부터 많은 구독자와 시청자를 얻기는 어렵다. 인내와 노력을 투자하며 시간이 지나면서 성장할 준비가 되어 있어야 한다.

5. 기술적 능력

비디오 편집, 촬영, 그래픽 디자인 등의 기술적 능력이 있다면 콘텐츠 제작과 편집 과정을 효율적으로 수행할 수 있다.

6. 시장과 경쟁 분석

경쟁 분석과 시장 동향을 파악하고, 시청자들의 관심과 요구에 맞는 콘텐츠를 제작하는 데 도움이 되는 분석 능력을 가진 사람들이 경쟁력을 갖출 수 있다.

7. 소셜 미디어 활용

다른 소셜 미디어 플랫폼을 효과적으로 활용해 콘텐츠를 홍보하고 시청자와 상호 작용하는 능력을 가진 사람들이 성공이 보장될 것이다.

8. 유튜브 정책 이해

유튜브의 정책과 가이드 라인을 잘 이해하고 준수하는 능력이 중요하다. 불필요한 법적 문제를 피하려면 유튜브 정책을 따르는 것이 차후에 큰 피해를 입지 않는 방법이다.

9. 성장 마인드셋

계속해서 발전하고 성장하려는 긍정적인 마인드셋을 가진 사람이 어려움을 극복하며 더 많은 구독자와 시청자를 유치할 수 있다.

대박 유튜브 구독자 수
만들기 필수 요건

한국영상대학교 영상편집제작학과 재학생 중 유튜버 경험이 있는 다수의 인터뷰를 진행했다. 이를 통해 유튜버 입문부터 현재 유튜버 영상 편집자가 되기까지의 사례를 꼼꼼히 분석해 어떻게 하면 구독자 수를 빠르게 늘릴 수 있는지 알아보았다. 그중에 가장 대표적이면서 여러분이 가장 공감할 만한 사례를 통해 어떻게 하면 유튜버로 성공할 수 있는지 박 교수와 함께 방법을 찾아 보자.

A군은 고등학교 때 게임 편집에 관심을 가졌고, 그때부터 영상 편집에 대한 꿈을 가지고 내가 몸담은 학교 학과에 지원해 합격했다. 재학 중인 지금도 아르바이트로 유튜브 영상 편집을 하고 있다. 그도 처음에는 이 책을 읽고 있는 왕초보 유튜버와 마찬가지로 재미있고, 화려하고, 자극적인 영상만 만들어서 올리면 될 거라고 생각했었다. 하지만 그 결과는 비참했다. 그제야 A군은 본인이 뭘 몰랐는지 확실히 깨달았다.

유튜버가 성공하는 가장 중요한 핵심은 꾸준함(성실함)이라 한다. 1주에 새로운 영상 콘텐츠를 최소한 2~3편을 필수로 올려야 1만 명의 구독자 수, 1천 명의 좋아요를 받을 조건을 갖췄다고 한다. 더 나아가 이 꾸준함은 모든 유튜버가 기본으로 알고 실천해야 하는 것이지만, 이보다 더 중요한 요건은 유행에 따라 유동적으로 대처하는 능력이라고 한다. 그리고 여기에 영상 품질과 마케팅 전략을 더하면 여러분이 원하는 구독자 수를 빠르게 늘릴 수 있다고 한다.

유튜버 구독자 수 늘리기 비법 7단계

1. 새로운 아이디어 개발을 위해 기존의 잘된 유튜브 콘텐츠 분석한다.

  [예시 영국남자(채널), 샷박스(채널)]

2. 꾸준히 규칙적으로 새로운 콘텐츠 업로드하기.

3. 영상 품질 향상하기. 자막이 승부의 관건이다!

  자막(35~40) / 시각효과(20) / 오디오(15) / 사운드 이펙트(15)

4. 영상 시작 3~10초에 초집중하기.

5. 대기업 유튜브 채널에 게스트로 초대 받기(혹은 간택 받기).

6. 유행에 따라 유동적으로 대처해야 한다. 유명한 유튜버가 사용하는 애드리브 같은 것을 잘 활용해야 한다.

7. 한국에만 국한되는 것보다 해외를 같이 공략하기. 요즘은 일정 금액을 지급하고 CC(유튜브 기본 기능, 번역 자막)를 대신 입력해 주는 서비스들이 잘 나와 있어 우리나라에 국한하는 것보다 해외로 넓혀 내 영상을 볼 수 있는 사람들의 절댓값을 늘리는 게 좋다.

유튜브 비디오를 조금 더 전문적으로 보이게 하는 12가지 팁

유튜브 영상을 만들 때 아주 혁신적인 아이디어나, 기획을 잘했다면 지금부터 집중해야 할 부분이 바로 세련되고, 전문적인 영상을 만드는 것이다. 기획이 아무리 뛰어나도 시각적, 청각적으로 매력적인 영상을 만들지 못한다면 결국 또 실패로 돌아갈 확률이 매우 높다. 대중에게 감동을 주는 세련되고 전문적인 영상을 만들고 싶다면 몇 가지 핵심적인 세부 사항에 주의를 기울이자. 그것만으로도 지금 당장 탁월한 영상을 만들 가능성이 높다.

1. 충분한 빛(조명)을 사용하라

조명은 완성된 전문가용 비디오의 품질에 엄청난 큰 차이를 가져오므로, 촬영 중 가장 중요한 우선순위 중 하나로 만들어라. 제대로 배치된 조명을 충분히 사용하지 않으면 비디오가 다른 모든 면에서 훌륭하더라도 아마 아마추어처럼 보일 것이다. 태양광은 비디오를 위한 최고의 자연 조명 중 하나다.

자연광으로 촬영하는 경우 조명이 부드러운 아침이나 저녁에 촬영할 수 있도록 최선을 다하라. 머리 위에서 곧장 들어오는 한낮의 빛은 여러분의 대상에게 거친 그림자를 드리울 수 있는 반면, 아침과 저녁의 빛은 더 돋보인다. 만약 여러분이 한낮에 촬영해야 한다면, 흐린 날에 촬영하거나, 더 부드러운 빛을 위한 그늘진 곳을 찾으라.

빛이 더 부드러운 아침이나 저녁에 촬영할 수 있도록 최선을 다하라.

실내에서 촬영하는 경우 사용하는 조명의 종류와 위치에 대해 좀 더 신중해야 한다. 피해야 할 한 가지는 머리 위의 조명이다. 조명은 배우의 얼굴에 고르지 않은 그림자를 드리울 수 있다. 창문은 좋은 자연 광원이다. 여러분이 원하는 종류의 빛을 만들기 위해 한두 개의 큰 램프를 사용할 수 있다.

광원을 설정하기 전에 완료된 비디오에서 만들려는 효과를 노려라. 배우의 얼굴을 완전히 밝게("부드러운" 또는 "평평한" 빛) 하고 싶은가? 아니면 그림자("하드" 빛)가 지게 하고 싶은가? 많은 그림자를 사용하는 것은 극적으로 보이고, 드라마가 의도된 효과가 아닌 전문 비디오에서는 주의를 산만하게 할 수 있다. 그림자를 거의 또는 전혀 사용하지 않으면 보다 개방적이고 간단한 분위기가 형성되며, 이는 일반적으로 비즈니스 및 마케팅 비디오에 더 적합하다.

2. 깨끗한 배경을 사용하라

촬영할 때 사용하는 배경에 대해 신중해야 합니다. 지저분하거나 산만한 배경보다 덜 전문적으로 보이는 것은 없다.

비디오를 전문가처럼 보이게 하는 한 가지 쉬운 방법은 단색 배경을 사용하는 것입니다. 벽, 침대 시트 또는 큰 배경지가 모두 좋은 옵션이다. 피사체에 그림자가 생기지 않도록 피사체가 배경에서 몇 피트 떨어진 곳에 서 있는지 확인하라.

실제로 일을 하거나 시간을 보내는 "전문적인" 환경에서 비디오를 촬영하는 것도 좋다. 촬영 배경에 창이나 다른 반사 표면으로 촬영하지 않도록 주의하라. 당신은 무심코 반사되는 카메라를 잡을 수 있다. 게다가 여러분의 피사체 뒤에 창문과 같은 광원이 있는 것은 피사체를 어둡고 그림자처럼 보이게 할 수 있다.

3. 좋은 비디오 편집 프로그램 선택하라

좋은 비디오 편집 소프트웨어는 초보 수준의 영상을 프로 수준으로 탈바꿈할 수 있게 도움이 될 수 있다. 전문적인 도구로는 파이널 컷 프로, 어도비 프리미어 프로, 그리고 아비드가 있다. 비디오 편집기를 선택할 때 주의해야 할 주요 기능은 다음과 같다.

- 비디오에 텍스트를 추가하는 기능
- 비디오를 다듬고 자를 수 있는 기능
- 장면 전환
- 가로세로 비율을 변경할 수 있는 능력
- 필터 및 오버레이 추가
- 스톡 비디오 및 사운드 라이브러리

4. 편집 작업을 단순하게 하라

비디오 편집 과정에서 다양한 효과를 시도하는 것은 재미있을 수 있지만 너무 지나치면 오히려 손해를 본다. 단순하고 깨끗한 편집 스타일은 일반적으로 가장 전문적으로 보인다. 비디오를 직접 편집하든 비디오 편집 서비스에 아웃소싱하든 이 단계에서 수행해야 할 몇 가지 작업이 있다. 노이즈 제거 기능을 사용하여 배경 노이즈를 정리한다. 필요하다면 조명을 조금 조정하라. 어색한 멈춤과 침묵을 잘라낸다. 배경 음악 및 전환 효과 추가한다.

편집 팁

전문가용 비디오에서 한 장면에서 다른 장면으로 잘라낸 경우 두 부분에서 움직임이 있을 때 점프한다. 이것은 다른 장면에 아무 일도 일어나지 않는 한 장면에서 점프하는 것보다 더 부드럽고 자연스럽다.

5. 비디오보다 선명하고 깨끗한 오디오에 우선순위를 두어야 한다

전문 비디오 품질보다 오디오 품질이 더 중요하다. 대부분의 사람은 다른 모든 것이 좋은 한 HD로 촬영되지 않거나 조금만 거친 비디오를 기꺼이 본다. 그러나 흐릿하고 불분명한 오디오는 보통 비디오 재생을 시작한 지 몇 초 만에 '뒤로' 버튼을 누르는 것으로 충분하다.

오디오는 매우 중요하기 때문에, 좋은 마이크는 당신이 투자해야 할 첫 번째 장비이다. 여러분이 살 수 있는 최고의 것을 사라. 마이크를 피사체에 최대한 가깝게 하여 깨끗한 오디오를 캡처한다. 팝 필터를 사용하여 완료된 녹화에서 점멸과 균열을 제거할 수 있다. 마이크가 잡힐 수 있는 배경 소음도 주의해야 한다. 차량 소음, 새 소리, 심지어 바람 소리와 같은 것들을 제거하는 것은 쉽지만, 이 모든 소리는 여러분의 영상에서 매우 잘 들릴 것이다.

6. 흔들리는 영상을 피하라

불안정한 영상은 전문 비디오를 홈 무비처럼 보이게 할 것이다(그리고 시청자들이 멀미를 일으키게 할 수도 있다). 카메라를 완전히 고정하는 것은 어렵기 때문에, 여러분이 할 수 있는 한 카메라를 전혀 잡지 않도록 하라. 대신 삼각대를 사용하거나 카메라를 튼튼한 표면에 놓아라.

카메라를 설정한 후에는 필요한 경우를 제외하고는 카메라를 이동하지 마라. 계속해서 돌아다니면 비디오의 전문적인 모습이 손상된다. 원근법을 바꿔야 할 경우 카메라를 움직이는 것보다 한 장면에서 다른 장면으로 자르는 것이 좋다.

최선을 다했음에도 불구하고 영상이 불안정한 것으로 판명되면 비디오 안정화 소프트웨어를 사용하여 나중에 수정할 수 있다. 일부 카메라에는 촬영하는 동안 사용할 수 있는 안정화 기능도 내장되어 있다. 영상 속도를 늦추는 것도 흔들림을 덜 보이게 하는 데 도움이 될 수 있다.

7. 제3의 법칙 이해하기

제3의 법칙은 비디오 구성의 가장 기본적인 원칙 중 하나다. 촬영 중인 필드 위에 가로, 세로, 세로 3개의 격자가 배치되어 있다고 상상해 보자. 피사체를 샷의 중앙에 배치하는 대신 그리드의 선 중 하나를 따라 피사체를 배치해야 한다. 선이 교차하는 점은 특히 초점이 강한 영역이므로 가능하면 비디오의 중요한 요소를 배치해야 한다.

여러분은 항상 3분의 1의 법칙을 따를 필요는 없지만, 여전히 배우는 동안 가능한 자주 그것을 고수하는 것이 좋은 생각이다. 경험을 쌓을수록 언제 규칙을 지켜야 하는지, 언제 규칙을 어겨야 하는지에 대해 본능적으로 알게 될 것이다.

8. 스마트폰 카메라를 올바른 방법으로 사용하라

DSLR 카메라가 없다? 괜찮다. 요즘은 누구나 스마트폰으로 전문가용 비디오 영상을 캡처할 수 있다. 갈수록 스마트폰의 카메라 기술이 발전하고 있어서 대부분 화질이 좋다. 하지만 비디오를 만들 때 스마트폰을 사용할 때 몇 가지 사항을 염두에 두고 있어야 한다.

첫째로, 핸드폰 뒷면에 있는 카메라를 사용하라. 대부분의 스마트폰 전면 카메라의 화질이 그다지 좋지 않다. 둘째, 가로 모드(수직이 아닌 수평)에서 녹화하라. 이것은 전화 스크린뿐만 아니라 더 큰 장치에서 잘 보이는 영상을 제공할 것이다. 셋째, 전화기 화면에 그리드를 오버레이할 수 있는 기능이 있는 경우 해당 기능을 사용하라. 이렇게 하면 전화기의 수평을 유지하고 기울어진 화면을 방지할 수 있다. 아이폰을 사용한다면 [Settings 〉 Photos & Camera 〉 Grid]로 이동하면 그리드를 켤 수 있다.

9. 카메라에 비친 여러분의 모습이 자연스러워야 한다

전문가용 비디오에 나타난 여러분이 카메라에 잘 적응하는 모습이 영상 콘텐츠가 전문적으로 보이는 하는데 매우 큰 영향을 미친다. 카메라에 긴장하거나, 안절부절못하거나, 불편하게 보이면 시청자들에게 전달하려는 메시지를 주는 데 실패할 수 있다.

다행히도 이것은 여러분이 연습을 통해 개선할 수 있는 것이다. 만약 여러분이 카메라를 어색해하게 태어났다면, 자신을 촬영할 때 집중해야 할 몇 가지 주요 사항들이 있다.

차분하고 개방적인 보디랭귀지를 사용하라. 똑바로 서라. 자세 불량이 카메라에 즉시 드러난다. 어깨는 뒤로 젖히고 근육은 이완시켜라. 숨을 깊게 쉬고, 팔짱을 끼지 마라. 그러면 폐쇄적으로 보인다. 특히 비디오의 시작 부분에서 미소를 지으라. 그것은 당신이 얼마나 친근하게 보이는지에 큰 차이를 만든다. 말을 할 때는 약간 천천히 하고, 명확하게 발음하도록 노력하라. 목구멍보다는 횡경막 호흡으로 말하라.

만약 여러분이 초조함을 느낀다면, 여러분의 손을 계속 사용하기 위해 소품을 사용해 보라. 예를 들어, 화이트보드에 글을 쓰는 것은 카메라 외에도 집중할 수 있는 무언가를 줄 수 있다. 연습, 연습, 연습. 자신의 영상을 보고 개선할 수 있는 부분을 파악하라. 그런 다음 그런 것들을 작업하기 위해 의식적으로 노력하라.

10. 다양한 각도에서 촬영하라

한 각도에서 다른 각도로 컷 편집하는 것은 전문 비디오에 시각적 흥미를 더할 수 있는 좋은 (그리고 간단한) 방법이다. 이 기술은 비디오 제작, 제품 데모 또는 다른 유형의 비디오를 만들 때 특히 유용하다. 각 비디오에 대해 많은 양의 소스 영상 (B-roll footage)을 촬영하여 나중에 사용할 수 있도록 한다.

꿀팁

관점을 바꿀 때, 최소 45도까지 이동하라. 관점의 작은 변화는 실제로 의도된 효과를 만들어 내지는 못한다. 단지 보기에 거슬리게 보일 뿐이다.

11. 시각적인 부분을 미리 계획하라

서투른 기술만이 비디오를 비전문적으로 보이게 할 수 있는 것은 아니다. 계획이 부족하면 시청자들이 완성된 제품에 대해 실망하게 될 수도 있다. 제작을 시작하기 전에 비디오를 철저히 계획함으로써 실제 콘텐츠의 품질이 영상의 품질과 동일하게 유지되도록 할 수 있다.

비디오를 만들 때마다 목적을 정의하는 것부터 시작하라. 이 비디오를 제작하여 무엇을 달성하고 싶은지 스스로에게 물어보거나 의사소통하라. 또한 대상 고객 (target audience)을 정의해야 한다. 여러분의 비디오가 특정 시청자들에게 전달하려는 의도가 무엇인지를 명확히 알아야 한다.

비디오의 목표를 정의했으면 스크립트를 작성하고 스토리보드를 만든다. 그런 다음 최대한 완성될 때까지 수정한다. 다시 정렬, 다시 작성 및 삭제하는 것을 두려워하지 마라. 횡설수설하는 비디오는 시청자를 지루하게 하므로 비디오를 가능한 한 짧고 명료하게 유지하라.

12. 동영상 콘텐츠 홍보

여러분이 비디오를 만드는 것은 단지 싸움의 절반일 뿐이다. 나머지 절반은 사람들이 그것들을 보게 하는 것이다. 진지하고 전문적인 비디오 제작자로 자신을 소개하려면 비디오를 홍보하고 팔로워를 늘려야 한다.

시작할 때 많은 조회수나 관객들의 상호작용이 없는 것은 괜찮다. 모든 사람은 어딘가에서 시작해야 하고, 어떤 채널들은 다른 채널들보다 당연히 대중적인 매력을 더 많이 가지고 있기 때문에 새로운 시청자들을 끌어들이는 데 유리하다. 그러나 비디오를 더 많이 만들고 게시할수록 시청률은 시간이 지남에 따라 증가한다. 많은 비디오를 가지고 있지만 거의 보는 이가 없는 것은 여러분의 채널을 아마추어처럼 보이게 할 수 있다.

그렇다면 초보자로서 비디오를 효과적으로 홍보할 방법은 무엇일까? 다음 몇 가지 전략으로 시작해 보자.

- 소셜 미디어에 적합한 형식으로 동영상을 올려라.
- 대상 시청자가 사용하는 채널에 동영상을 업로드 하라. 시청자들에게 인기가 없는 플랫폼에서 비디오를 홍보하는 데 너무 많은 에너지를 낭비하지 마라.

- 비디오 SEO의 기초를 배우라. 올바른 설명을 작성하고 키워드를 사용하며 동영상에 올바르게 태그를 지정하면 더 많은 보기를 얻을 수 있다.
- 새 비디오를 정기적으로 게시한다. 새로운 콘텐츠는 시청자에게 채널이 활성화되고 성장하고 있음을 알려준다. 이것은 이전 시청자들이 돌아올 가능성을 더 많이 만든다.
- 청중들과 가능한 한 많이 교류하라. 댓글에 응답하고, 질문에 대답하고, 비디오를 시청하는 데 시간을 할애해 준 시청자에게 감사해야 한다.

간단 요약

비디오가 전문적으로 보일수록 브랜드는 비디오로부터 더 많은 이익을 얻을 수 있다. 전문가처럼 보이는 비디오를 만드는 데는 약간의 연습과 노하우가 필요하지만, 그것은 마술이나 당신이 몇 년 동안 공부해야 하는 것이 아니다. 위 내용에서 언급했던 기본 기술을 적용하는 것만으로도 다음 비디오의 품질을 획기적으로 향상할 수 있다.

참고하면 좋은 성공한 채널

▶ **PewDiePie** (Felix Kjellberg)

스웨덴 출신의 PewDiePie는 게임 플레이 영상과 유머 콘텐츠로 시작해 세계에서 가장 구독자 수가 많은 유튜버가 되었다. 그의 개성적인 스타일과 높은 엔터테인먼트 가치로 유명해졌다.

▶ **T-Series**

인도의 음악 레이블인 T-Series는 유튜브에서 가장 많은 구독자를 보유한 채널 중 하나로, 인도 음악과 영화 관련 콘텐츠를 다양하게 제공한다.

▶ **Zoe Sugg** (Zoella)

영국의 Zoe Sugg는 뷰티, 패션 및 라이프 스타일 관련 콘텐츠로 유명한 크리에이터로서, 그녀의 자연스러운 스타일과 개인적인 이야기가 시청자들에게 인기를 끌었다.

▶ **Markiplier** (Mark Fischbach)

Markiplier는 게임 플레이 및 해설 영상을 통해 유명해진 유튜버로, 그의 열정적인 엔터테인먼트 스타일로 많은 팬을 얻었다.

▶ Liza Koshy

미국의 Liza Koshy는 코미디, 스케치, 그리고 엔터테인먼트 콘텐츠로 유명한 크리에이터로, 그의 개성적이고 유머 있는 스타일로 인기를 얻었다.

▶ MrBeast (Jimmy Donaldson)

MrBeast는 독특한 챌린지와 도전, 자선 활동 등의 콘텐츠로 유명한 크리에이터로서, 그의 과감하고 창의적인 아이디어로 주목받았다.

▶ NigaHiga (Ryan Higa)

NigaHiga는 코미디 및 스케치 콘텐츠로 유명한 유튜버로서, 그의 유머 감각과 창의적인 아이디어로 인기를 얻었다.

▶ Jenna Marbles (Jenna Mourey)

Jenna Marbles는 다양한 주제로 콘텐츠를 제공하는 크리에이터로서, 그녀의 솔직하고 유머 있는 접근 방식이 많은 팬을 사로잡았다.

▶ Rosanna Pansino

미국의 Rosanna Pansino는 빵과 디저트 만들기와 레시피 제공으로 유명한 크리에이터로, 그의 열정적인 요리 방식과 유머로 시청자들에게 인기를 끌었다.

▶ 개리 (Garie)

개리는 다양한 브이로그와 여행 콘텐츠로 유명한 크리에이터로, 그의 개성 넘치는 스타일과 독특한 편집 기법으로 시청자들의 관심을 끌었다.

▶ 영국남자 Korean Englishman

영국에서 활동하는 크리에이터들이 한국 문화와 음식을 소개하는 콘텐츠를 제공하며 인기를 얻었다.

▶ 영탁 TV

가수 영탁이 직접 운영하는 채널로, 노래 커버와 뮤직 비디오 등 다양한 음악 관련 콘텐츠를 제공하여 많은 팬을 모았다.

▶ 델리만TV

다양한 먹방과 음식 리뷰 콘텐츠로 유명한 크리에이터로, 선명한 음식 사진과 풍부한 설명으로 시청자들의 입맛을 자극한다.

▶ 딩고 프리스타일 (Dingo Freestyle)

음악, 댄스, 엔터테인먼트 관련 다양한 콘텐츠를 제공하며, 유명한 아티스트들과의 협업으로 인기를 얻었다.

▶ **옥냥이들** (Ocktv)

주로 브이로그와 먹방 콘텐츠로 활동하며, 자유로운 분위기와 유머로 시청자
들의 관심을 끌었다.

▶ **심쿵학당** (Heart Signal)

대학생들의 연애와 인간관계에 대한 토론과 이야기를 다루는 콘텐츠로 유명
한 크리에이터 그룹이다.

▶ **야미보이 Yummyboy**

맛집 리뷰와 먹방 콘텐츠로 활동하며, 풍부한 음식 정보와 생생한 리액션으로
시청자들의 입맛을 자극한다.

▶ **릴레이 댄스 리그** (Relay Dance League)

아이돌 그룹들의 릴레이 댄스 영상을 제공하여 아이돌 음악 팬들의 사랑을 받
았다.

▶ **하루한끼 One Meal a Day**

다양한 요리 레시피와 요리 방법을 소개하는 요리 채널로, 간편하고 맛있는 요
리를 제공하여 인기를 얻었다.

참고하면 좋은 인기 채널

▶ 쫀득이 https://www.youtube.com/@JJonDeuk_

▶ 푸린 https://www.youtube.com/@Purin1005

▶ 빅헤드 https://www.youtube.com/@bighead033

▶ 피식대학 https://www.youtube.com/@PsickUniv

에필로그

"2023년 현재, 제트 세대(Generation Z)와 알파 세대(Generation Alpha)가 영상을 무섭게 소비하고 있고 앞으로 태어날 베타 세대(Generation Beta)가 다음 차례다. 이들은 인터넷이 없던 시대를 경험하지 않은 세대이며 더 이상 우리와 같은 호모 사피엔스(Homo Sapience)가 아닐지도 모른다.

-KAIST 전기 및 전자공학부 김대식 교수 강의 내용 中"

나는 이들을 호모 디지투스(Homo Digitus)라 명명한다. 호모 디지투스는 모바일 신조어로, 디지털 기기를 몸에서 떼어놓지 못하는 사람을 일컫는다. 디지털은 손(발)가락을 의미하는 라틴어 디지투스(Digitus)에서 왔으며, 어원처럼 지금 세대는 단순(Simple)한 것에 익숙하고 숨 쉬듯 디지털을 쉽게 사용하고 있다. 대표적인 예로 이들 세대는 유튜브 숏츠(shorts)와 틱톡(TikTok)에 열광하고 있지 않은가? 이들은 호모 사피엔스가 영상을 소비하는 형태와는 완전히 다른 패턴을 가지고 있고 영상 편집자는 그들의 마인드(Mind)를 해킹(Hacking)해야 성공할 수 있다.

따라서 지금까지 필자의 책에서 언급한 영상 편집 마스터 되기 7단계 이론 및 실전편의 내용 중에서 미래 영상 편집자의 타겟 오디언스인 호모 디지투스를 공략할 방법을 모색하고, 활용할 수 있어야 한다.

영상 편집 초보자의 최대 고민은 바로 '어디에서 시작하고 끝을 내야 할지'다. 이 어려움 때문에 많은 초보자가 급속도로 편집(Edit)을 포기한다. 어떻게 하면 왕초보

(Novice)가 편집의 마스터(Master)가 될 수 있을까? 영상 편집은 퍼즐 놀이에서 흩어진 조각들을 맞추어 나가는 것처럼 결국 비디오(Video)로 문장(Sentence)을 만들어 이야기(Story)를 전달해 관객과 소통(Communication)하는 것이다.

이야기를 잘 만들기 위해서는 스토리를 소비하는 자에게 단순히 정보를 전달하는 것이 아니라 소통이 목적이어야 한다. 영상 편집자와 소비자가 연결되고 공감에 이르는 결정적인 역할을 하는 것이 편집할 때 소스 영상(Source Clip)에서 시작점(In)과 끝(Out)점을 정성스럽게 찍어야 한다고 나는 강력히 주장한다. 그래서 영상 편집에서 좋은 편집점이 고품질의 콘텐츠를 만들어 내는 핵심이다. 나아가 '와우 포인트(감탄하게 하는 순간, Wow Point)'를 만들 수 있게 된다.

필자는 한국영상대학교 영상편집제작학과 재학생들에게 매년 영상 편집 기초를 가르치면서 영상 편집의 목적인 나만의 영상 만들기와 우리가 만든 영상에 깊은 영향을 받을 미래 청중인 호모 디지투스의 마음을 사로잡을 수 있는 '와우 포인트'를 잡아낼 수 있도록 충실히 강의하고 있다.

이 책 수정이 거의 마무리가 되어 가고 있을 즘, 어느 주말 오후에 넷플릭스를 켰는데 새로 올라온 다큐멘터리 한 편이 유난히 나를 클릭하게 했다. 앞서 언급했던 '아이 윌 비 백(I WILL BE BACK)'으로 잘 알려진 영화배우 아놀드 슈왈제네거의 다큐멘터리였다.

여느 다큐와는 달리 총 3부로 나뉘어져 있었는데 1부 운동선수(athlete)의 시작부터 흥미로웠다. 그리고 4시간 반 동안 2부 배우(actor), 3부 미국인(American)을 다 보았는데 너무 몰입해서 시간이 휙 지나간 느낌이었다. 아놀드 다큐에서 시작과 엔딩 장면이 강렬하게 남아 내 책의 마무리로 이 내용을 꼭 넣어야겠다는 비전이 생겨 글을 쓰기 시작했다.

다큐 3부의 엔딩에 보면 아놀드가 사람들이 자기를 자수성가한 완벽한 예라고 수도 없이 들었다고 한다. 그러나 그는 말도 안 된다고 했다. 왜냐하면 자수성가에서 self에 해당하는 부분은 동기 부여나 비전은 해당하지만, 오늘날의 아놀드가 된 것은 바로 자기 주변의 가족, 친구, 멘토였다고 한다. 즉 많은 사람의 도움이 없었다면 지금의 아놀드는 될 수 없었다는 말이다.

이 대사에서 크게 한 방 맞은 느낌이 들었다. 이 책을 쓰면서 단 한 순간도 협업에 대해 생각하지 못했다는 것이 부끄러웠다. 세상에 위대한 일은 혼자서 할 수 있는 일이 없다는 것을 항상 학생들에게 말해 온 내가 이 책을 쓰면서 "영상 편집자도 마스터가 되기 위해서는 반드시 다른 사람들의 의견을 종합해서 편집해야 한다"는 그 기본을 잊고 있었던 것이다. 내가 앞에서 언급한 비법도 나와 함께한 여러 사람과의 경험을 통해서 완성될 수 있었고, 이런 맥락에서 영상 편집을 할 때도 협업의 마인드를 잊지 않았으면 한다.

끝으로 이 책을 쓰면서 독자들에게 가장 하고 싶은 말이 있다. 좋은 편집은 관객이 기대하는 장면을 연출해 내야 하고 그 장면은 신선한 방법이나 충격적인 방법으로 만들어야 한다. 그러니 여러분만의 언어, 즉 시각적, 청각적 언어를 창조하고 관객들과 연결되기를 바란다.

영상 편집이 특정 전문 분야인의 전유물이 아니라 독자 여러분이 일상의 즐거운 취미로 자리 잡기를 바라며, 그 세상이 재미있는 놀이가 되었으면 좋겠다.

대한민국 모든 영상인이여! 굿 럭!

참고 문헌 및 자료

《영화 편집, 눈보다 빠른 것은 없다(The eye is quicker)》, 리처드 페퍼먼 저/선우윤학 역, 커뮤니케이션북스, 2012

《영상 편집에 대한 조망(In the blink of an eye)》, 월터 머치 저/윤영묵 역, 예니출판사, 2002

《영화 편집의 예술과 기술 월터 머치와의 대화(The conversations: Walter Murch and the art of editing film)》, 마이클 온다체 저/이태선 역, 비즈앤비즈, 2013

《내 인생의 모든 것 영화에서 배웠다》, 수이앙, 수이머우 저/정주은 역, 센시오, 2019

《그냥 좋은 장면은 없다》, 신승윤 저, 효형출판, 2016

《도쿄의 편집》, 스가쓰케 마사노부 저/현선 역, 항해, 2022

《한 권으로 끝내는 영상기획/촬영/편집/제작 with 프리미어 프로》, 신재호 저, 앤써북, 2023

《디자이너's PRO 실무 영상 편집》, 오창근, 장윤제, 유희정 저, 길벗, 2022

《영화 편집: 역사, 개념, 용어》, 김형석 저, 아모르문디, 2018

《SAVE THE CAT!: 모든 영화 시나리오에 숨겨진 비밀》, 이태선 역, 비즈앤비즈, 2015

《챗GPT에게 묻는 인류의 미래》, 김대식, 챗GPT 저, 동아시아, 2023

《우리 시대 영화 장인》, 주성철 편, 열화당, 2013

《아날로그 필름메이커 유튜브 시대, 영상이란 무엇이고 어떻게 만들 것인가?》, 장현경 저, 모던아카이브, 2020

《영화연출론 shot by shot》, 스티븐 D. 캐츠 저/김학순, 최병근 역, 시공아트, 2022

사이트

studiobinder 사이트 https://www.studiobinder.com/

위키피디아

https://cafe.naver.com/focusfilmac

Adobe 사이트 https://www.adobe.com

편집의 신
scene

초판 1쇄 발행   2023년 10월 31일

지은이   박인수
발행인   곽철식
펴낸곳   ㈜ 다온북스

마케팅   박미애
편 집   김나연
디자인   박영정
일러스트 배 진
인쇄와 제본   영신사

출판등록   2011년 8월 18일 제311-2011-44호
주소   서울시 마포구 토정로 222, 한국출판콘텐츠센터 313호
전화   02-332-4972   팩스   02-332-4872
전자우편   daonb@naver.com

ISBN   979-11-93035-16-0 (03680)

• 다온북스는 독자 여러분의 아이디어와 원고 투고를 기다리고 있습니다.
  책으로 만들고자 하는 기획이나 원고가 있다면, 언제든 다온북스의 문을 두드려 주세요.